UTOP Reading Theories
禹田·阅读理论经典书系

读书会的 75 个阅读作战法

〔西〕蒙瑟拉·纱尔朵 著
周姚萍 译

北京联合出版公司
Beijing United Publishing Co.,Ltd.

图书在版编目（CIP）数据

读书会的75个阅读作战法 /（西）蒙瑟拉·纱尔朵著；周姚萍译. —北京：北京联合出版公司，2018.1（2023.6重印）
ISBN 978-7-5596-1071-3

Ⅰ.①读… Ⅱ.①蒙… ②周… Ⅲ.①读书方法-儿童教育 Ⅳ.①G792

中国版本图书馆CIP数据核字（2017）第248431号

ANIMACION A LA LECTURA:CON NUEVAS ESTRATEGIAS by MONTSERRAT SARTO,JOSE ANTONIO MARINA(FOREWORD) © MONTSERRAT SARTO, 1998
EDICIONES SM, 1998
This edition arranged with Group SM through Big Apple Agency, Inc., Labuan Malaysia
All rights reserved.

读书会的 75个阅读作战法

〔西〕蒙瑟拉·纱尔朵 著　周姚萍 译

项目策划：禹田文化
策划支持：天卫文化
责任编辑：徐　樟
特邀编辑：杨　博　　许春晖
版权编辑：杨　娜　　黄春琦
美术编辑：沈秋阳
封面插画：山　鱼
封面设计：萝　卜
版式设计：沈秋阳　　王晓珍

北京联合出版公司出版
（北京市西城区德外大街83号楼9层　100088）
北京润田金辉印刷有限公司印刷
总字数240千　170mm×240mm　16开　21印张
2018年1月第1版　2023年6月第4次印刷
ISBN 978-7-5596-1071-3
定价：39.80元

退换声明：若有印刷质量问题，请及时和销售部门（010-88356856）联系退换。

向IBBY墨西哥分部的诸位先行者,以及为了阅读教育而将"阅读作战"内化的拉丁美洲诸国,致以无限的感谢。

——西班牙读书会阅读作战团队

阅读素养是儿童学习和发展的基本技能，重要性不言而喻。欧美国家素来注重儿童的阅读教育和指导，但本书与一般的阅读指导法不同。这是一套行之有效的儿童集体阅读领读法，是儿童领读者的最佳实践指南，有助于领读者营造阅读氛围，让儿童在集体阅读的快乐体验中，不断提升阅读兴趣，拓展思维能力和表达能力，进而引领儿童成长为独立思考的终身读者。

——王志庚

中文版序

好的方法不只是方法

周益民

坦率地说,我一度有点轻视方法类的书,甚而不屑于谈论具体的方法。那时候,我固执地认为,方法再好,仅仅是个手段,是个工具,过于"形而下"。我们需要的,是思想,是理念,是主张,是高远的追求。

这种想法很快遭遇复杂现实的打击。就说课堂中的小组合作学习吧,出发点当然不错,然而一实施,课堂简直成了菜市场,完全不是预想的理想状态。看看隔壁班,却有条不紊。仅仅隔了一堵墙,差异怎么这么大?原来,隔壁班老师有一套组织小组学习的方法,有任务分工,有步骤安排,连讨论时的音量控制都在考虑范围内。有序,才会有效率和效果。再举个更小的例子。老师布置完一项任务,常会问学生"听清楚了吗",这下,刚刚还安静的课堂立马喧嚣起来,"清楚了""没听清""我有个问题"……七嘴八舌,叫人招架不住。而有的老师这么说:"听清楚的孩子冲我点点头,不清楚的举起手。"只是换个说法,课堂不仅秩序井然,还让人如坐春风。

这些经历让我看到了方法的价值和意义,也开始明白,再先进的理念,再高远的理想,如果缺乏具体可行的操作方法,只会是水中月、镜中花。

因此,当我在一个偶然的机会,看到西班牙蒙瑟拉•纱尔朵所著的《读书会的75个阅读作战法》时,立刻来了兴趣。

该书是方法的汇编,前后之间似乎并无严密的逻辑联系,利用闲暇时

中文版序
Preface of Chinese Version

间,我真正是翻到哪页读哪页。

才看完一组,我就在心里断定,这些方法的确是曾经过摸爬滚打的实践得来的,而非凭空的臆想,最起码,设计者具有颇为丰富的实践经验。这些方法介绍都不是抽象简单的解释,而是操作性强的实战"地图",有点类似我们的"教学设计"。譬如方法21"挖掘不同视角:改变角度",在"实施方法"中,作者甚至细致到说明"担任主持人的领读者坐在中央的凳子上,也就是类似演讲台的位置,发言人坐在两侧,提问人则坐在稍微远离中央的地方"。在方法27"理解故事:这是你的"中,作者则贴心地提醒,"要找齐这些道具并不容易,可在塞在家中某角落的物品中寻找",令人莞尔。

一则则读下来,心里开始感叹作者的巧思与智慧。领读者都知道要帮助孩子学会阅读,要指导孩子深入思考,但往往苦于不知从何入手,单纯的方法解说显然无用。本书瞄准的也是那一个个目标,高明之处在于设计了一个个丰富的、为少儿读者喜爱的阅读活动,借助这些活动,常常在不知不觉间达成了领读者的目标预设。可以说,任务驱动下的活动化设计,是这本"阅读作战法"的鲜明特点和亮点。

比如,面对一群幼儿,怎么引导他们分辨故事中的角色,理解角色的特点?显然,人物形象分析在这时候起不了任何作用,方法2"分辨角色:这是谁的东西"就巧妙化解了这一难题。

再如,如何增进对作品表达形式及故事叙述流畅性的体验,方法19设计了"理解写作手法:海盗掠夺文",即故意将一些文句插入原文,让少年读者辨析。

书中的不少具体方法都有明确的指向性,譬如方法59"阅读幻想故事:

那是真的吗"和方法60"阅读荒谬故事：好笨啊"，两个活动的适用范围不可调换，因为，设计的活动是与文本的特点相匹配的。

断断续续读完全书，猛然间醒悟，这些方法其实已经不只是方法。透过方法，我们能觉察出背后的理解与理念。我记得，在阅读中不时有一些小触动。现在想来，触动我的，是作者对每一个个体的真切关爱。方法6"书与读者的关系：我与书籍"，在"实施方法"第4点，特意提醒"要避免触及个人隐私"。方法66"练习绕口令：舌头打结"，目标第3条写道："因为好笑的事情而发笑，但不取笑别人。"作者没有高谈口号，所有的理念都渗透在具体的、甚而不为人察觉的一个活动、一声提醒、一句关照中。这是真正的教育。

当然，如果用心些，我们还会发觉作者更深远的追求，这从全书8个章节的标题即可看出："自由阅读的启蒙""唤醒阅读的喜悦""激发主体的自主性力量""深入挖掘自身阅读潜能""体味书和阅读真正的价值""以阅读触碰渴望成长的心灵""建立完整而独特的阅读架构""成为具有独立人格的读者"。从"自由阅读开始"，逐步走向"独立人格"。作者在序中说，"读书会的阅读作战是'教育'，是'引发孩子的自主性力量'"。起初，我曾以为这75个方法的罗列并无严密逻辑，现在看来，在无逻辑中存在着一条大逻辑，这条逻辑其实是阅读中的人格养成问题。可见，好的方法，能把人带向远方。

这不正是我们推广儿童阅读需要考虑的根本问题吗？

读着这"75个阅读作战法"，我开始跃跃欲试。我想，我们每一个人都可以发现、创造属于自己的"好的方法"。

目 录

原再版序　　　　　　　　　　　　　　　　　　　　1

第一章　自由阅读的启蒙

　1. 聆听朗读：找出读错的地方　　　　　　　　20
　2. 分辨角色：这是谁的东西　　　　　　　　　　24
　3. 故事的时间和场所：什么时候，在什么地方　　27
　4. 体会词语的妙处：这是什么意思　　　　　　　31
　5. 找出角色：在吗，不在吗　　　　　　　　　　35
　6. 书与读者的关系：我与书籍　　　　　　　　　38
　7. 分析角色：他是什么样的人　　　　　　　　　42
　8. 分析句子：找出伪造的句子　　　　　　　　　45
　9. 人物描写：这段所描述的是谁　　　　　　　　49
　10. 朗读游戏：抓到了　　　　　　　　　　　　　52

第二章　唤醒阅读的喜悦

　11. 取书名：这是我取的书名　　　　　　　　　　58
　12. 思考故事顺序：在前面吗，还是在后面呢　　　62
　13. 找错：误植　　　　　　　　　　　　　　　　66
　14. 正确诵读：布鲁鲁　　　　　　　　　　　　　70
　15. 问答比赛：对战　　　　　　　　　　　　　　74

目 录
Contents

16. 逻辑思考：各个标题应位于哪里   78
17. 关注场景：书上这么写道   82
18. 总结书籍大概：这是内容梗概   86
19. 理解写作手法：海盗掠夺文   89
20. 理解角色：谁是"法劳第"   92

第三章 激发主体的自主性力量

21. 挖掘不同视角：改变角度   98
22. 角色之间的关系：有人说他   102
23. 删减句子：想象的剪刀   105
24. 深度阅读：谁、做了什么、怎么做的   109
25. 大型阅读游戏：团队游戏   113
26. 注意倾听：在这里呀   118
27. 理解故事：这是你的   122
28. 阅读图画：从书里逃出来的角色   126

第四章 深入挖掘自身阅读潜能

29. 引导孩子讲故事：我们来说故事吧   132
30. 发现元素的作用：怎么有这么多东西呀   136
31. 思考角色的想法：为什么   140

32. 理解段落内容：哪段是正确的　　144

33. 关注关键情节：这样开始，这样结束　　148

34. 深入理解作者想法：为他辩护　　152

35. 重视故事的顺序：在那之前，发生了什么　　156

36. 提升记忆力：故事是这么写的吗　　160

第五章　体味书和阅读真正的价值

37. 描绘角色：哪一个是他　　166

38. 区别故事角色：固定在这里　　170

39. 找出角色的行为动机：为什么　　174

40. 寻找作者意图：我是这么想的　　178

41. 激发诗歌阅读力：出谜题并且加上说明　　182

42. 学习诗歌韵律：我的词语在哪里　　185

43. 挑战记忆力：大家的记忆力　　189

第六章　以阅读触碰渴望成长的心灵

44. 发现诗人情感：诗人的感受　　194

45. 引发诗歌鉴赏能力：多美的诗啊　　198

46. 找到完整诗作：你和我一起　　202

47. 进入诗的世界：这是我的图　　206

目录 Contents

48. 吟诗训练：吟游诗人 … 209
49. 思考角色关系：谁和谁 … 213
50. 辨识图中人物：在哪里 … 217
51. 理解图画：有什么关联吗 … 221
52. 诗歌感受力：这次换我了 … 225
53. 专注的观察力：仔细地看，看得透彻 … 229
54. 抓住角色台词：谁，对谁，说了什么 … 232
55. 理解听到的故事：听到什么就照着做 … 236
56. 发现诗的价值：诗人的对话 … 239
57. 发现诗歌的表现法：用五言绝句来游戏 … 243
58. 理解诗歌的节奏和韵律：大家一起重组一首诗 … 247

第七章 建立完整而独特的阅读架构

59. 阅读幻想故事：那是真的吗 … 252
60. 阅读荒谬故事：好笨啊 … 256
61. 理解诗歌语言：诗人是这么描绘的 … 260
62. 挖掘书中内涵：这段文字有含义 … 264
63. 关注书中关键信息：顺利组队 … 268
64. 选书根据：第一眼 … 272
65. 模拟书中角色：那个时候，某某这么说 … 276

66. 练习绕口令：舌头打结　　　　　　　　279

67. 品味诗之喜悦：我喜欢这首诗　　　　　283

68. 分享喜欢的诗：带着诗来参加活动　　　287

69. 理解文字运用：词语飞走了　　　　　　291

第八章　成为具有独立人格的读者

70. 理解谚语：它的意思清楚吗　　　　　　296

71. 阐明作者想法：我发现了　　　　　　　300

72. 评论文本：好吗，不好吗　　　　　　　304

73. 分享书籍：喜欢这本书的原因是什么　　308

74. 分享想法：说出想法　　　　　　　　　312

75. 评判各要素的价值：如果是我，就不会删掉　316

附录　　　　　　　　　　　　　　　　　　320

原再版序

1984年,最早以读书会阅读作战方法为内容的书籍付梓,此书集结了几位朋友与教师各自在学校的阅读教育实践的成果,是由许多微小的体验所结成的果实。这些实践可称为内部的、个人的、伙伴间的活动,在1998年再版后,开始成为许多教师本身内化的概念与方法,并被加以实践。它不只在西班牙语国家,也在其他国家被广泛活用。就读于墨西哥伊比利美洲大学(Universidad Iberoamericana,UIA)的玛丽亚·雅鲁纳提斯·方瑟珈以《读书会阅读作战的教育方法》为题目,发表了一篇论文,并取得传播学的学位。这篇论文被翻译成意大利语和日语,使得我从一开始就坚信的阅读作战方法,有机会在这两个国家扩散。最近墨西哥专门设立了教师资格认证,为那些能够培训阅读作战领读者的教师颁发学位,以此来培养推广儿童阅读教育的老师,使他们能够向其他国家的老师传授阅读作战的技巧,让这种方法不再为西班牙所独有。

我在此篇序言中想要表达的只有一项：我们主张，孩子阅读力的培养是需要引导的。我们将已有的技巧传授给阅读作战的实践者，转而专注于创造新的阅读作战方法，以求得更新的做法。

趁此机会，我想厘清阅读作战在形成初期，就被我们视为基础的一些想法。

首先，让我们来分清楚"教学法"和"教育"的不同。在西班牙皇家学院的辞典中，教学法被定义为"用来教学的技法"，它指的是自上而下地引导出想要传授的内容。然而，读书会的阅读作战却是教育，也就是引发孩子的自主性力量。尽管在之前的书中已经提及，但我想让"读书会的阅读作战是一种教育（引发孩子力量）的过程"这一观点，再次明确地呈现出来。的确，阅读作战在学校中以教导阅读方法为前提，以孩子能从中获取知识为出发点。不过，当我们说到阅读作战时，便是在谈论阅读教育。

怎么说呢？答案非常清楚。我们知道，学校是个因教育而存在的场所，也是个传播知识的场所。然而，阅读是一门需要学习的技能，这需要教师对学生进行"教育"。孩子本身隐藏着阅读的潜能，如果什么都不做，该能力便会处于沉睡状态，我们必须将它激发、引导出来。假如教育已经足够的话，只需通过种种正面奖励就可使阅读能力高度开发，即不管孩子或成人，应该都能够自己阅读。可事实并非如此。即使是成人，甚至学校教师也未必称得上是真正的阅读者。不论是书本传达的深沉知识，还是报纸上新闻报道的内容，甚至连药物所附的说明书，都有人看不懂。以上例证说明仅有"教"是不够的，还需要借助于自主性的行动，也就是有必要从孩子自身引出发现书籍和文字世界的能力，让孩子将阅读的内容消化、吸收，协助每个孩子建立起独特的阅读架构，锻炼其思考力，培育出有助于其生存的判断能力。

如果能如此，不管他们未来读或不读，爱读或不爱读，他们都已具有将任意种类文章读进脑中的能力了。我们千万不可停滞在"让他们喜爱阅读"的陷阱中。喜爱或不喜爱阅读是其次，举例来说，学游泳时，喜不喜欢潜入水中并非最根本、最重要的，最重要的是会不会游，也就是为带来乐趣或健康，为协助溺水者，而将游泳的知识和能力化为自身所有。这也是为什么游泳可视为某些人一辈子带着走的能力。阅读能力也可以说是需要培养的基本能力吧！原因在于，阅读可活化脑部所有机能，所以比其他任何能力都更有价值。一旦强化了阅读能力，其利用文字书写的概率自然增大，也将会自然而然地把所阅读的内容融入其生命中。至于让孩子变得喜爱阅读，则不是读书会阅读作战的首要目的。

对铅字的疏离现象与社会的警钟

近十年来，媒体曾夸大报道目前社会普遍而显著的铅字疏离现象。通过广播电台与电视节目，这警钟的声音传播广泛，至少教育界受到了极大冲击。其中有些学校开始采取积极的对策，然而其方法仍无法超越单纯的教授法——大致脱离不了强迫孩子回家后阅读书籍、分析问题。孩子被规定每天在家定时阅读十分钟，并以在图书馆的借书册数来考核其是否确实阅读。所有的这一切都纳入成绩的考核内容。法国作家丹尼尔·本纳（Daniel Pennac）认为"阅读"并非是个使役动词，然而，这句话的真意却未得到充分理解。其重点在于，要求孩子阅读，并不表示他们真的懂得"阅读"。

当上述状况呈现在眼前时，我们要做的便是认真探讨孩子不阅读的原因。电视常常成为众矢之的，但即使归咎于电视也无法找出解决之道。因为电视虽然是原因之一，但却不是最重要的因素。如果说，对于未受锻炼的大脑而言，阅读是极为困难的工作，这或许更接近事实。一旦肯定此假设，另一个因素也随之浮现而出：即使教给孩子阅读的方法，依然没办法引发他们的阅读力。法国的儿童文学研究者伊莎贝尔·琼（Isabelle Jan），曾有过同样的见解。就让我们仔细地来探讨其中的原因吧！任何事情都是有原因的，而且，人类的任何一种行为，也不会只受单一因素影响。

当然，叹气无法解决问题，重要的是如何找到解决之道。胡利安·马里亚斯（Julián Marías）教授曾说过以下这段话："我们的人生充满放弃，只管将事情丢在一旁不理会，经常退缩不前。漫不经心这种不良倾向，如果任其肆意妄为，即使想做些什么，脑中却只浮现'反正大家也不会赞同'的自我不信任感。因此，就有了放弃以及反正什么也做不成的想法。有位年轻人曾沮丧地对我说：'在这里，不管做什么都不会成功。'我问他：'你尝试了吗？'他却不回答。所以前提是，如果没试着采取行动，就不该断言做不到。"

读书会的阅读作战——作为一种教育方法的贡献

读书会的阅读作战方法，是作为阅读教育问题的解决方法之一而诞生的。阅读，是极为艰难的智能锻炼，如果没有赋予其成为优秀读者的激发力与明确方向，是很不容易由一个人单独施行的。

其中当然也有孩子依靠自己成为非常厉害的读者，且具备了作为优秀读者的环境因素。例如：家里有购买报纸进行阅读的习惯；家中有丰富的藏书，可随手取得；家人会购买新书；家长很关注孩子的阅读。另外，有学校的藏书以及对于阅读的推动作为后援……像这样具有阅读氛围的家庭，孩子才会自发地阅读。然而，这种家庭为数不多。以我们的社会特质而言，对阅读十分消极的家庭不在少数。中学教师对于从小学升上来的孩子的阅读能力的贫乏，总是长吁短叹，而读书会的阅读作战，正好能帮助这些孩子。

但是，在进入中心主旨之前，有一件很重要的事必须清楚说明。阅读，尽管只是短短的一个词汇，但在读书会的阅读作战中，我们所指的"阅读"究竟是什么呢？首先是阅读会发生在各种场所。人们最初与阅读相遇，是在孩童时期学习文字符号的学习场所。虽然它大多发生在学校，但其中也有孩子在家庭中受到启蒙，入学前就已习得少量的文字。其次是语文课本以及文学作品的阅读。最近，学校课本中也收录了小说及所谓的大众作品，孩子以儿童文学作为学习材料。再者是有助于取得毕业学分而进行的阅读，在这种状态中，孩子使用知识性的书籍、工具书、报纸和杂志资料。由于他们一定得读懂，因此，学校教师必须教导他们研读书本的方法。不过，以读书会的阅读作战为基础的学习，不同于以上状况，它是自由的阅读，是不需要成绩考核、不依赖实用性指导的自由阅读，是孩子去发现"书"到底是什么，它的世界里到底有什么的阅读。尽管读书会的阅读作战主要在学校上课时间施行，却可称为是具有课外活动特性的阅读，其素材有儿童文学、青少年文学、孩子能理解的诗，甚至也会依不同情况使用报纸或杂志等。

读书会阅读作战的基本元素

读书会阅读作战所使用的教育方法，是为了激发阅读力设计出的、具有创造性的、以游戏方式呈现的作战方法。此外，通过每个人专注的思考，促使读者将阅读内容内化。施行时，一定得好好观察并掌握孩子的状况，也不可欠缺计划。倘若没有计划，所有的努力都可能化为泡影，因此，媒介体是必要的。我们称呼此媒介体为领读者，他是阅读教育的实质推动者。

首先，我们从作战方法开始谈起。二十年前的西班牙，无法想象所谓的作战方法对教育的重要性，甚至必要性。《读书会的阅读作战法》首次出版时，有人认为必须用别的词语来替换"作战"一词。不过，教育学随着不断的演进，将各种多元的思想纳入其中，并因此而获得改善，"作战"这个词语也被接受了。读书会阅读作战的实践，也带动了作战方法的发展。

然而，在读书会阅读作战的实际操作中，我们是如何掌握作战方法的呢？根据我们的理解，作战方法是近年来开始广泛使用的词语。以"创造性的游戏"这种最近研究出的理论作为后盾，将数个活动组合起来进行长期性的挑战，以达成具体目标。有关阅读作战方法的解释，不管是哪种说明都可以。自从开始研究读书会的阅读作战法，我们就重视并且赞同罗伯特·加涅（Robert Mills Gagné）教授的意见：

"每个人各自学习、记忆、思考之际,正是由各种能力运作着该行动。"灵活运动于内心的作战方法,便是用以引发孩子阅读能力的基本要素。作战方法的建立,就是为了激发孩子潜在的阅读力,培育其知性,让阅读毫无缺漏,以达到完美的境地。

这本书为使孩子从小就养成探索书本的能力,收录了经过一再讨论、试验、缜密设计而形成的75个阅读作战方法,覆盖了学龄前、小学、中学、高中等各个阶段。采用哪个作战方法,领读者可视孩子的阅读能力及每次实践的状况而定。

作战方法的目标在于通过生动活泼、容易亲近的游戏形式,驱动智力运转,让孩子克服阅读中的障碍。它将开出一条通往理解文本的道路,唤醒阅读的喜悦和欲望,最终使孩子不需依靠他人,便能成为一位独立的读者。

根据所使用的书籍和准备的材料,各种作战方法的难易程度不同。领读者使用作战方法时,要好好确认各作战方法的适用范围,充分了解参与者的状况后,再决定采用哪个阅读作战方法,并找出最合适的书籍,用于达成作战目标。避免选择难度过大的阅读作战方法,致使智能发展或阅读能力都未臻成熟的孩子玩得辛苦;也不可只选择那些过于简单的策略,这样无法让孩子的能力获得扩展。

此外,阅读作战方法并非根据某一特定书籍而设计,所以,一定要搜寻适合于阅读作战方法的书籍来使用。

参加的孩子如果能共同讨论,将会发挥阅读作战方法的力量。团体活力、自我展示、积极聆听、对话讨论,以及与之相对的情感体验,都可促使孩子的阅读能力得到提升。

不同的阅读作战方法实践起来，都只需花费一定的时间。不管是因为时间不够而省略某步骤，或是拖拖拉拉致使孩子感到无聊，都是不被允许的。实践阅读作战方法的时间，因参与人数和孩子阅读能力的不同，会有很大差异，请以各方法所标示的时间为目标加以控制。

能够持续进行阅读作战方法的实践是非常重要的，在孩子的阅读能力得以提高之前，必须按照计划重复实践各种作战方法。

绝大多数的阅读作战方法会要求在进行前让参与者先阅读书籍，由于太早阅读容易忘记，因此活动前十五天左右开始阅读较为合适。一定要避免只阅读书籍的一部分就进行活动，必须得彻彻底底、从头到尾都读过才可以。目的之一是让孩子去发现"书到底是什么"，孩子必须知道故事大意和各种场景，必须知道他们喜欢或讨厌该书的相关原因。

关于读书会阅读作战的游戏

我们希望读书会的阅读作战能获得最大限度的丰盈成果，于是向能够促使阅读教育获得成功的游戏借力，然而，游戏究竟是什么呢？

1928年，侯赛·马亚尔特·易·库特（José Mallart y Cutó）曾说道："以具有游戏要素的教育活动培育出来的孩子，将成为一位即使面对极严肃的工作，也能很有活力地乐在其中的人，并且有办法将人生变为永远的游戏。"

随着时代的演进，与教育学有关的游戏概念也进步了。阿方索·洛佩兹·昆达斯（Alfonso López Quintás）教授曾说道："今日，与各种教育相关的游戏活动，最受人们重视。游戏并非单纯的娱乐，因为它毫无疑义地被视为创造性工作。"

孩子从出生起就开始游戏。母亲和孩子唱着："五匹小野狼……"手指、手腕晃动的同时，配合着《布谷鸟》这首歌，玩遮眼睛的游戏。一会儿从左边窥视，一会儿又从右边窥视，孩子在不知不觉中进行了身体侧边的伸展运动，这也是创造性的游戏。当游戏与"和某人相遇""伙伴"等强烈的联系结合在一起时，就成为孩子活力的源泉。另外，学校教导幼儿学数学，以扮演老板和顾客的游戏进行买卖，这也是创造性的游戏。对处于幼儿期的孩子来说，适用于蒙特梭利理论的教育方式，便是游戏。

读书会的阅读作战以游戏为基础，活力充沛、快快乐乐地持续实施作战方法，在这过程中有什么特别呢？至今，我们仍会收到"不够谨慎"的非议。但在读书教育研讨会中，教师们都能乐在其中。游戏具有不可低估的教育价值，而作战方法具备的灵活度，以及其严谨的运用方式，却没有背离乐趣。

内化，需要安静

阅读作战方法需要安静，以孩子合理的安静作为立足点。在各个阅读作战方法的实践说明中，常常出现"静默阅读"一词。在阅读作战中保持安静，便可取得良好的效果，开启一条内化行进之路。别忘了！阅读作战并非表象呈现的那般喧腾热闹，安静这个词语直抵人类灵魂深处。然而，现今的一些孩子并不习惯安静。"沉默并不受欢迎，每天，我经营着贩卖沉默的商店，却因为销售状况不佳，而一直过着辛苦的日子。"竭尽全力投身于青少年教育的教师哈维尔·伊隆达因（Xavier Ilundain）曾这么说过。但是，如果孩子无法将阅读内容消化、吸收，那么，阅读作战所具有的游戏性和如同欢聚般的特色，在教育中便产生不了价值。

从一开始，读书会阅读作战教育方法的建言者弗朗西斯科·谷贝伊斯·色拉斯，就曾促使我们意识到："以内化的教育补充活动性的教育方法，必须摒弃或警觉只为活动而活动的倾向。"

今天，假如不希望被忙碌的生活所裹挟，不仅孩子，也包含成人在内，都有必要走入自己的内心。

读书会阅读作战的方法，被赋予了这样的方向。

孩子将阅读内化，他们在作战过程中将所有其他人的影响客观化之后，进行自我的主观性阅读。如果能将阅读能力化为己有，创造出属于自我独特的阅读架构，便可完全捕捉住所有以文字表现的事物，成为兼具主体性的有深度的读者。这样的过程（有些人应该已经乐在其中了吧），大概与今日的信息网络系统相同，在某个人的一生中都能起到作用。

印度教授苏冈达·沙提雅拉吉（Sugantha Sathiyaraj）曾说："如果说学校的学习计划一定要包含内化的话，我将宣传这其中最重要的事。内化的最重要的价值，在于它是所有其他价值的根本。"

什么样的孩子该参加读书会的阅读作战？

什么样的孩子该参加读书会的阅读作战？有何期待或有何必要性？有很多孩子似乎就要被学习教科书的痛苦，以及被当作义务的阅读所吞噬，因此，他们一心只希望书籍快点从自己眼前消失。这一切都是因为他们并未发现书和阅读的真正魅力，导致想消化学习课程时，往往得花上比有效时间多得多的时间。

此外，他们的生活环境也不利于阅读。最近，有位高中生说，在家中，他连十本书都没有。但由于他家附近有图书馆，因而仍然可以阅读。但这个已经发现了书究竟是什么的孩子，借用他自己的话来说，可以说是个"例外"。

于是，我们想要以完全不阅读的孩子、几乎不阅读的孩子作为出发点。一般而言，他们都缺乏家庭支持。以知识性的范畴为限，这些孩子拥有学习知识的障碍不足为奇。家庭，往往具有随波逐流的倾向。从小学毕业，升入中学，包含电视、运动、交友、外出、随性的消遣、时间不够用等，都是不阅读的重要因素。另外，调查时得知有的孩子放学后，一个星期学两次英语、学一次柔道、上一节音乐课，周末则要打网球，像这样排满才艺学习，哪来多余的时间持续参加读书会的阅读作战？尽管读书会的阅读作战也能够启发智力，使所有的知性活动变得容易，并教导孩子思考，激发出其批判文本的能力。"智能就像降落伞，不打开的话，就没有用处。"罗伯特·杜瓦（Robert Dewar）是这么说的。然而，大家对于自己的智能究竟为哪种状态，却往往意识不到。尽管相较于智能的养成，人们的喜好毫无疑义地更倾向于运动。然而，为了学习，实际生活中绝对需要智能的训练。

试着针对那些我们想要激发出他们阅读能力的孩子，再根据这本书的阅读方式进行分类制表的话，将呈现什么样的结果呢？其中会有：

一个字接一个字的阅读方式、吞吞吐吐不流畅的阅读方式、平淡乏味的阅读方式、表现力丰富的阅读方式、乐在其中的阅读方式、运转思考力的阅读方式、批判式的阅读方式、解读式的阅读方式……一个家庭中的父亲，是否清楚自己的孩子正在运用的是哪种阅读方式呢？学校教师又该如何呢？有教师深切地感受到，升入中学的学生，其阅读方式超乎寻常地无法触及内心、无法使学习到的知识内化。我们周边的领读者中则普遍具有这样的想法："不慨叹孩子不阅读，而协助促使孩子具有阅读的能力。"孩子看不懂书籍，如果想克服其中的障碍，一定得有人伸出援手。

称为领读者的媒介体

　　要引发孩子的阅读能力，需要有媒介。担任媒介的人，就像架在两者之间的一座桥梁，让孩子发现阅读的价值，同时陪伴着孩子一起往前走，直到他们走完了整个阅读历程，得以独立。小学、中学、高中的教师亦是如此，如果认识到作为阅读起点的家庭的重要性，那么，孩子的父母也是如此。

　　如果是已上学的孩子，教师是最适合的领读者。只要他们能认识到阅读教学的重要性，并学习怎么进行有效的活动便已足够。

　　只要做好准备，任何人都能担任领读者。也就是说，如果能确立阅读的真正价值，激发孩子的能力，将"促使其成长为一位读者"的基础素养内化为本身所有，就足够了。妈妈们在参加研习课程后，在学校担任起领读者的角色，这种情况相当普遍。此外，休闲活动指导员和很多的图书馆员，也提供了极大的协助。

领读者要铭记在心：领读者必须启发孩子的可能性，协助孩子尽可能地延展其智能。帮助孩子排除阅读中的障碍，也是领读者的工作。当有些家庭对书和阅读表示出否定的看法，有些父母未能完全意识到阅读的重要性时，领读者的工作便显得尤为重要了。此外，领读者必须教导孩子爱惜书籍，并向孩子展现每个人与书相遇的可能性。在书店购买、在图书馆借阅、向朋友借阅等，都是可行的。让他们知道市面上有什么样的杂志，怎样买到这些杂志，也都是值得教导的。

为了让孩子养成阅读的习惯，经思考判断后选择出最佳的教育方法，也是领读者的责任。假如选择了激发孩子阅读能力的阅读作战方法，请先参加研习。讲座分成幼儿园、小学、初中、高中阶段。如果参加了讲座研讨，将在不知不觉中，营造出孩子与书相遇的情境。激发孩子内心力量最重要的是：爱孩子！此外，领读者不将自己个人的喜好强加在他们身上，而是激发孩子自身的兴趣与潜能。对孩子智能所能达到的限度了然于心，同时清楚他的阅读理解程度，从而使他得到最大的发展空间。

如果以十分制来评价，也许有的孩子怎样都无法达到六分，有的孩子轻轻松松就达到十分。然而，不管哪个孩子，都拥有接受协助的权利，以及充分扩展其可能性的权利。我们需明确的是，读书会的阅读作战是需要时间累积的，是孩子在上学期间都该持续地进行训练的教育方法。读书会的阅读作战并非"处方笺"，它只是用来培育孩子阅读能力的方法而已。不可勉强孩子照着领读者的方式阅读，或硬塞给他们领读者所拥有的知识。因为领读者本身在和那些孩子同等年纪时，应该也达不到现在的阅读程度。领读者必须做的，并非将身为一位读者所积累的东西，直接倾倒给孩子，而是根据孩子所能达到的程度，引领其成长。

实践阅读作战方法时，需要保持一定时间的静默，让孩子能从从容容地行动。领读者只需担任阅读作战方法的舵手，起到引路人的作用；领读者要静静地聆听孩子们的发言；专注观察、分析孩子的反应；倾听孩子的意见，这十分重要。

还有，明朗而沉稳，具有常识、想象力和好奇心，能确保秩序，能坚持到底，不管对任何人都很坦诚，令孩子热衷于活动，同时自己也能忘我地融入其中……这些特质也都特别重要。如果能将以上所列都记在脑中，并接受适当的研习，应该可以成为孩子所期盼的、有能力的领读者了。

制订计划的必要性

倘若无计划地进行阅读作战，这项活动终将流于表面化。举例来说，教师在某天上完数学课，之后就戛然而止，不再提及与数学相关的话题，那么，我们会怎么说呢？一旦决定要进行指导和教育的话，一般来说就会制订计划，依循计划持续进行，阅读作战也一样。

首先，必须思考自己想激发哪个年龄段的孩子的阅读力。对象是幼儿，还是为了考入大学而需奋力一搏的高中生呢？他们经常阅读，还是不阅读？他们缺乏阅读的哪种能力？在清楚了究竟要以哪个年龄段的孩子为活动对象后，就要制订计划。要频繁地进行？要采取哪种阅读作战方法？要选哪本书来进行？必须做好哪些准备？

而阅读作战最早需决定的是，要花多少时间？跨两个学期，还是一整年？

计划可由个人来制订，也可与同学年的其他学科教师一起制订。对于"在孩子将阅读能力完全内化之前，都持续进行阅读作战"这层意义而言，最好的状况是在教职员会议中制订出全校性的计划，从校长到教师，所有人都成为执行计划的相关人员。如此一来，很快就能看到孩子阅读能力的进步。而确实有些学校是这样来计划的。

当然，假如无法全校进行，数位教师通力合作，以自己班上的学生为对象来制订计划也很好。不管哪种形式，最珍贵的都是把想做的那份热情化为行动，如此孩子的阅读能力将会得以提升。

阅读作战变质的可能性

一旦失去了既定的目标，甚至把那些和教育目的无关的活动和集会，与读书会阅读作战互相混淆，读书会的阅读作战将不再是原来的东西，而会走偏。例如：书展和制作介绍书籍的海报、表演故事、制作书单等延伸活动，和我们所理解的阅读作战是完全不同的。这些仅是提供书籍信息、宣传书籍的活动。的确，从广为传播书籍本身、打造充满书籍和阅读热情的世界，以及图书馆员的工作等意义上来说，这些充满了趣味。然而，这些宣传活动偏于形式化，而以教育为根基的读书会阅读作战，则是扎根于人的内心。请分辨两者间的差异。

此外，以下所列举之事，将是破坏阅读作战成果的主要因素：仅仅使用作品的一部分来实践作战方法、实践之后规定完成相应的阅读功课、将阅读作战当作一门课程、使用已经用于语文或文学课程中的书籍、强制参加阅读作战、以文学作品完成度优先于孩子感兴趣程度的标准来选择使用书籍、在阅读作战过程中给予赏罚等。这些做法与阅读作战的差异，领读者根据常识来思考便可了然于心。

  那么，读书会的阅读作战怎样才可称得上成功呢？孩子是否逐步增强了阅读力，从作战方法的推展方式上可以得知。举例来说，孩子们在阅读作战的过程中，对于所阅读的书籍如果能讨论得很热烈，便可说明对阅读内容，有了相较于之前更多的了解；如果孩子想看阅读作战中没选用过的书籍，也可以当作燃起阅读兴趣的证据。另外，当他们开始感觉到书籍碰触到自己的心灵，当他们徜徉于书籍的海洋中，一个新的世界也就打开了。

读书会的阅读作战——大家的课题

  关于阅读不足的现象，之前已经提及。近年来，随着此倾向愈来愈严重，一定得有某些对策来解决"与铅字疏离"和"阅读能力欠缺"的问题，像这样的意识也在持续高涨。然而，我们并不打算像推理小说似的找出"犯人"。对此应该做的是：仔细看清现状，思考哪些人能解决这个问题；针对阅读不足的现象，哪些对象可以改变。

  首先浮现在脑海的便是家庭。家庭究竟将阅读放在多重要的位置，似乎决定了孩子"读书"或"不读书"的问题。社会也是这样。很多人并不阅读，是因为他们没有认识到读书的价值，觉得不读书似乎也能开开心心地过日子。而学校有一部分教师，发现孩子不阅读，或即使阅读了也无法理解其中的内容。公共机构则还只是小规模地打算采取某些对策，比如1992年，西班牙的国会展开了创设符合欧洲水平的图书馆的讨论。

  只要采取某些行动，就能期待产生某些成果。不管采取什么行动，只要稍加运用常识想一想，就能达成以下共识：读书，提升孩子的阅读力，是所有大人都该面对的课题。不论谁都该负起责任，包括与孩子有直接关系的人，以及为实施计划加以协助的人。此外，特别是孩子的父母，为改善现有状况，一定得重视阅读这件事，并修正自身对此事的认识和态度。

  期盼所有人齐声说出"引导孩子阅读的任务完成了"那天的到来。

第一章
自由阅读的启蒙

1. 聆听朗读：找出读错的地方
2. 分辨角色：这是谁的东西
3. 故事的时间和场所：什么时候，在什么地方
4. 体会词语的妙处：这是什么意思
5. 找出角色：在吗，不在吗
6. 书与读者的关系：我与书籍
7. 分析角色：他是什么样的人
8. 分析句子：找出伪造的句子
9. 人物描写：这段所描述的是谁
10. 朗读游戏：抓到了

1. 聆听朗读：找出读错的地方

解题

　　这是针对幼儿所拟订的阅读作战方法。领读者将一个故事朗读两次，第二次朗读时，让孩子找出读错的地方，因此将标题定为"聆听朗读：找出读错的地方"较为合适。

　　孩子发现错误时，经常会喊"错啦"，所以以此为标题应该会不错。

　　曾有人问，此作战方法用于"讲故事"（storytelling）不是比用于"朗读"更适合吗？我反对这个看法。如果将阅读比作攀登阶梯，"讲故事"是第一阶，"朗读"则是第二阶。孩子便是这样一阶一阶往上爬，达到越来越高的层次的。聆听文本的朗读，比起为了"用耳朵听"而发展的"听故事"，需要付出更多努力。这样的努力，可培养出孩子的专注力。

参与者

正如前面所说，以幼儿为活动对象，即使他们还不识字也没关系。

人数多少并不是非常重要的问题，二十五到四十人都可以。为使此作战方法达到目的，现场必须保持必要的安静，好让孩子理解朗读内容。因此，由领读者以自己能掌控的全场状况为评估标准，决定当次活动的人数。

目标

由于以幼儿为活动对象，所以目标非常简单——"使孩子能专注地聆听领读者朗读的故事"，这尽管不能说是全部，却是最主要的目标。然而，还是请留意以下几点：

* 能专注地聆听朗读。
* 能理解朗读的内容。
* 培养孩子的专注能力。

领读者

领读者必须是优秀的朗读者，声音悦耳动听，情绪平稳，脑筋灵活，能将故事中角色的姓名、行为以及设定的场景等，根据现场情况随机变化进行朗读，且需拥有十足的忍耐力。

必要的材料和方法

选择符合参与者阅读程度，且故事内容简单的书籍。

实施方法

孩子到齐后，领读者以他们能够轻松抓住内容要点的速度，有节奏地朗读所选的故事。

（1）朗读结束后，领读者提问以下问题：听故事听得开心吗？哪个角色最棒？为什么认为这个角色最棒呢？哪个场景最有趣？

（2）告诉孩子们要再次朗读故事，并告诉他们，如果听到朗读有误，要喊："错啦！"

（3）尽可能寻找词语加以替换——近义词、反义词、与原文意思不同的词语、更加优美的词语——同时替换角色的姓名以及设定的场景，展开第二次朗读。如果孩子发现有不同于第一次朗读的地方，喊道："错啦！"领读者要马上出声回应。

（4）结束第二次朗读，告知孩子们下次再来聆听其他故事，玩其他有趣的阅读游戏，随后结束活动。

所需时间

由于选择的是短篇故事，大概需要三十分钟。如果孩子发表出有趣的意见，可延长几分钟，但请避免超时太久。

孩子感兴趣的程度、投入程度与困难程度

这由故事的价值和领读者的朗读方式所带来的趣味决定，也与听故事的孩子发表的言论有关。

如果孩子不习惯聆听故事朗读，将出现不符合预期的状况。

组织阅读作战后的分析与思考

由于以幼儿为对象，领读者必须认真分析以下几点：整体流程是否顺畅？是否达成了该作战方法所制定的目标？哪个地方做得好？哪个地方没做好？等等。如果有不太满意的地方，请在下次开展活动时加以改进。

2. 分辨角色：这是谁的东西

解题

　　这一阅读作战方法的目标是，不管哪个孩子，都能依靠自己的力量，辨识出他们所阅读书籍中的角色来。

　　展示各式各样的服装和物品的相关图画（素描）给孩子看，请他们回答这些东西属于书中哪个角色，因此拟定了"分辨角色：这是谁的东西"这个标题。

参与者

　　以阅读后能理解书中内容的幼儿为对象。让孩子去发现各种角色是什么样的人，长什么样子，处于什么样的环境中，有什么样的心理与社会性特征。

　　由于以幼儿为对象，人数最好避免过多。人数一旦太多，只会吵吵闹闹的，孩子们便无法专注地做阅读游戏。与"聆听朗读：找出读错的地方"这个作战方法相比,这一作战方法更需要高度的专注力,保持相对的安静,所以人数最好控制在十到二十五人之间。

目标

* 能理解什么是阅读。
* 能分辨出不同的角色。
* 能理解不同角色都是什么样的人。

领读者

领读者应该充满耐心,具有魅力,且能吸引幼儿。尽管这是很简单的阅读游戏,但如果任由孩子吵闹,以至于最后无法达成预定的目标,那就徒劳无功了。

必要的材料和方法

足够数量的书籍供孩子事先阅读,并在活动中人手一册。

活动前,先准备好大量厚纸张,每张分别画上与角色相应的服装和物品,如裙子、裤子、帽子、外套、鞋子、球、自行车、书等。

实施方法

将参与者聚集在一起。

(1)为了唤起孩子的记忆,领读者一边提及书中角色曾做过什么事,一边让孩子回想故事里的一些片段。

(2)将画在厚纸上的图画(素描),一张张展示给孩子看。此时,要想办法让孩子保持安静,不出声说话。

（3）厚纸上所描绘的也有与书中角色不符的服装和物品，此活动期望让孩子推测出"这是谁的东西"，因此，领读者一边将一张张图画（素描）分别展示给一个个孩子看，一边询问"这是谁的东西"。如果孩子能将服装和物品与角色正确地对应在一起，便可获得一分。

（4）由所获得的分数，可以得知孩子阅读书籍的专注程度。

所需时间

依人数多少而定，孩子将服装和物品与角色对应在一起的速度，也会影响所需时间的长短。

活动尽量不要拖太长时间。

孩子感兴趣的程度、投入程度与困难程度

使游戏充满趣味的决定因素有很多，第一是选书，选用的书籍必须符合孩子的阅读能力；第二是厚纸上的图画（素描）是否一目了然，并具有丰富的表现力，让孩子很容易就能将其和角色对应起来；第三是领读者展开游戏的方式。

组织阅读作战后的分析与思考

此阅读游戏结束后，领读者必须仔细分析自己该负起责任的各个事项，包括：制作图卡的准备工作是否做得足够好（是否贴切地选择了各角色的各种物件）？所绘的图画是否具有丰富的表现力？能否耐心等到孩子自己将图画与角色对应起来的那一刻？孩子是否热衷于游戏？

3. 故事的时间和场所：什么时候，在什么地方

解题

此作战方法所设定的目标为，引导孩子说明所读故事中的时间与场所，因此定下这个标题。但如果领读者能想出其他更符合孩子年龄、更令人感到愉悦的标题，请自行修改。

参与者

参加这一阅读游戏没有特别的限制，只要阅读过书籍即可。这是所有活动的共通之处。要点是参加人数避免过多，以十人以上二十五人以下为宜。

人数过多时，可分为两组，由领读者分两场做此阅读游戏，这样效果会比较好。

目标

* 能理解所读的内容。
* 能锻炼记忆力。
* 能确切掌握故事里的时间和场所。

领读者

领读者必须拥有必要的知识,做好调研,具有十足的耐心,且能从头到尾沉稳地开展活动。另外,领读者还需充分阅读、完全理解所选的书籍,并能够准备好谜语式的问题。

必要的材料和方法

准备好足够数量的书籍,在两周内让所有人都阅读完毕。为了让每个人在活动前都把书读完,最好人手一书,以供其自由阅读。

活动时,需要准备问题卡,卡片由领读者制作。领读者可准备好符合参与者人数的现成卡片,也可以用高质量的厚纸裁制成卡片。

一张卡片上写一个问题,是关于时间和场所的提问,以书中提及的场景为基础设计而成。

以其内容是否可以轻松地设计出这类提问为选书的原则。卡片应比扑克牌略大一些,会更容易整理、分发。

实施方法

领读者要能掌控活动并不断向前推展,还要掌握能据以回答问题的线索。在确定问题答案后,可根据以下程序开始进行。

（1）孩子要提前阅读书籍。尽管说"提前"，但考虑到孩子的年龄，并非指一个月之前那么早，而是最好让他们尽可能在接近活动的时间点阅读完毕。如果是字数很少的书籍，即使没有提前阅读也没关系，只要在活动前花点时间看过即可。

（2）将孩子聚集在一起，然后领读者简单地叙述故事梗概。此时，领读者需要将想强调的部分，十分明确地强调出来。

（3）发给每人一张卡片，让大家专注地阅读卡片上的问题，这时，领读者要营造出能让大家安静思考的氛围。

（4）领读者估计所有人都已思考完毕时，逐一询问答案。此时，孩子不能再翻阅书籍。但领读者必须让大家明白，即使答不出自己卡片上的问题也没关系。如果有人答不出，领读者不妨若无其事地请知道答案的孩子代为回答。

（5）领读者整合孩子们的答案，做出补充说明。

所需时间

在不造成孩子疲惫的情况下，用时三十到三十五分钟。

孩子感兴趣的程度、投入程度与困难程度

一般而言，这个阅读游戏将进行得十分热烈。如果反应不如预期，领读者必须思考原因。

另外，几乎与所有的阅读作战方法一样，参与者必须事先阅读所选书籍。

如果孩子没有阅读习惯，困难程度便会增加。相反，如果孩子具有创造的精神，能理解所发现事物的价值，想将阅读的喜悦以某种形式传递给他人，自然会兴致高涨。

组织阅读作战后的分析与思考

假如孩子不常阅读，此作战方法施行起来会花费较多时间，因此领读者必须拥有极大的耐性。另外，领读者必须分析，是否存在书籍内容太难，导致孩子说不出答案的情况；自己带领孩子开展活动时，是否能激发出此作战方法中蕴含的乐趣？

4. 体会词语的妙处：这是什么意思

解题

作家除了在作品中强调奇思妙想外，还会自创新词。这完全不是现在才有的状况。20世纪初期，西班牙发行的以孩子为阅读对象的报纸和杂志，就已经十分随意地使用自创词汇了，甚至到了被称为"乱用"的程度。

这个阅读作战方法所设定的目标为，从书中找出童书里频繁出现的作者自创的词汇、含义不明确的词汇以及象声词。

除了从文中发现这些词汇外，还要探求出作者使用这些词汇究竟有什么用意，因此定了这个标题。

参与者

因为必须进行深入的探究，所以参与者人数必须限制在十到十二人之间。但由于外在的状况往往有许多不可控的因素，因而领读者可自行判断，增加人数是否无妨。

目标

　　* 能找出词汇的含义。

　　* 能培养好奇心。

　　* 能理解阅读内容。

　　* 寻找由词汇表达出的奇思妙想。

领读者

　　由于此阅读作战方法也适用于阅读后能理解其内容的幼儿，因此领读者必须了解，参加活动的孩子平常使用什么样的语言。

必要的材料和方法

　　准备与参与者人数相符的书籍册数，活动进行期间人手一本，以方便其参考。如果有困难，两人共用一本也可以。

　　另外，需准备黑板或具有相同功能的物品，供领读者将孩子找出的词汇写在上面。

实施方法

　　（1）孩子先在家中或图书馆里阅读所选书籍。在活动进行时，人人手中都有一本书。大家围坐成马蹄形，让每个参与者都能轻易看清楚黑板上的字。

　　（2）领读者告诉孩子，书中包含了作者自创的词语、不清楚什么意思的词语、象声词,并清楚说明包含象声词在内的三种词语,具有什么差异。

领读者请某个孩子朗读某一段落。该段落包含了以上三种词语。由领读者指定朗读某页的某段落。

其他孩子一边聆听朗读,一边看着自己手中书籍的同一段落。

朗读结束后,领读者询问大家:在刚刚朗读的段落中,有没有作者自创的词语呢?在孩子列举的过程中,领读者在黑板上记录。记录时,黑板上区分为"作者自创的词语""不清楚什么意思的词语""象声词"三个区块。

只要是孩子"发现"的词语,即使不是作者自创的词语,也全都写在黑板上。书写时,各词语后要预留填写其他词语的空间。

如上所述,每位参与者分别朗读书中某一段落,或段落的一部分。

(3)在孩子们将三种词语都找过后,领读者根据黑板上写下的一个个词语,询问孩子:作者使用这个词语,有什么用意?能不能在日常用语中找到替换的词语?有没有其他更合适的说法?孩子提出的意见,也全都记录在相关词语的下方。

就算孩子将一般词语误认为作者自创的词语,同样将其意见写在黑板上。在大家都没有意见后,领读者明确地指出这并非作者自创的词语,并说明其含义,同时将与这个词语含义相似的惯常用语,写在黑板上。

(4)在整个过程结束后,领读者和孩子互相讨论"是否有很棒的词语""是否有哪个地方不用自创词语会更好""和一般词语相比较,作者自创的词语是否更有趣"等问题。

所需时间

根据孩子找出词语的速度，以及书中出现此种词语的多少而定。整个活动大致需要一个小时。

孩子感兴趣的程度、投入程度与困难程度

一般来说，孩子都会觉得作者自创的词语非常有趣，因此对活动具有高度的兴趣，能乐在其中，并投入其中。如果所选书籍与孩子的阅读理解程度相符，他们将更感兴趣。

要是孩子认识的词汇过少，无法理解语言所代表的含义，或许会出现活动无法顺利进行的状况。

组织阅读作战后的分析与思考

领读者需分析自己能否说清楚什么是一般词语（孩子会将自创的词语和认错的词语包含在内）、什么是作者自创的词语，以及什么是象声词。

另外，领读者也得回溯活动本身的各个环节，包括：能否恰当地掌握进行的节奏？能否以温和且耐心十足的态度与参与者互动？能否将游戏规则解释得十分清楚？

5. 找出角色：在吗，不在吗

解题

此阅读作战方法的目标在于，找出书中包含配角在内的角色，因此便定了可表现此意图的趣味标题。

参与者

以小学三年级到六年级学生为活动对象，参加人数最多可达二十五到三十人。但由于只有领读者最能掌握实际状况，因此，最后到底有多少人可以参加，由领读者自行决定。

目标

* 能理解所阅读的内容。
* 乐于通过角色经历种种体验。
* 增强记忆力。

*有办法辨识不同的角色。

领读者

　　领读者必须娴熟于阅读,即使是非重点的枝节内容,也能将其展现在读者面前。

　　另外,领读者必须制作出在阅读游戏中分发给全体参与者的"故事人物表"。

必要的材料和方法

　　此阅读作战方法可通过以下任意一种方式来进行。

　　a.活动中所使用的故事人物表,每个人手上都要有一张。

　　b.将书中人物的名字写在黑板上。

　　在决定采用哪种方式后,便着手准备相应的物品。当然,还必须准备足够供所有参与者事前阅读的书籍。

实施方法

　　以领读者所制作的故事人物表为根据来进行活动。故事人物表中包含书中实际出现的角色名字,也包含领读者自行创造出来的虚构的角色名字。

　　(1)领读者发给每人一张故事人物表,并给予孩子一段时间进行默读。

　　(2)如果孩子已充分了解了故事人物表,领读者便请他们在上面标出书中出现的角色。

　　(3)孩子做完标记后,请他们逐一说出"谁在书中""谁不在书中"。

（4）所有人都发言完毕，领读者确认每个答案是否无误，并说明各角色出现在故事中的哪个部分。如此一来，就连故事中的细节，孩子也会注意到，即使一些角色并非出现在重要的场景中，孩子也能读出他们的出现对整部作品具有的意义。

（5）大家都清楚谁是书中出现的角色，谁并非书中出现的角色后，领读者宣布活动结束。

所需时间

大约五十分钟。实际情况根据参与者发言的踊跃程度和书中包含多少角色而定。

孩子感兴趣的程度、投入程度与困难程度

只出现一两次、容易被读者忽略的角色，带有某种神秘感，如果能借此激起参与者的好奇心，便可激发其浓厚的兴趣。

如果孩子没有建立阅读习惯，领读者态度消极，或故事人物表上的人名过多，可能会增加活动顺利进行的难度。

组织阅读作战后的分析与思考

仔细审视表格中所列的书外人物，是否会喧宾夺主，是否能将重点维持在书中出现的人物身上。此外，领读者也要好好检讨有没有因为想传达自己的想法，而对孩子的讨论采取不友善的对抗态度。在活动进行时，如果有必要，领读者应助孩子一臂之力，使其获得活动的丰盛成果。

6. 书与读者的关系：我与书籍

解题

　　此阅读作战方法的目标为，读者阅读一本书时，能看到隐藏在其中的各种价值，以及书籍所传达的信息；能将自己当作主角或与主角保持一定的距离；能认同书中主旨或对该主旨持不同的看法。

　　为达到这个目标，此阅读游戏必须在气氛轻松的讨论中激发出彼此的意见，表达出自我的想法，同时也要倾听他人所言。

　　因此，我们将这个活动的标题定为"书与读者的关系：我与书籍"。

参与者

　　参与人数根据孩子的阅读理解能力而定。十人以下可能不够热闹，三十人以上却有过多之虞。如果达到六十人以上，领读者应该会感到疲惫不堪，不过如果是很有经验的人，也可能掌握得很好。

目标

* 将孩子培养成一位读者。

* 帮助孩子表达出自己的想法。

* 引发孩子的判断力，使其在面对具体状况时，能够判断出该采取哪种态度与行动。

* 教导孩子通过文学发现人生。

领读者

领读者必须对儿童文学十分熟悉。如果能好好倾听别人的话语，具有与他们讨论的能力，并能抑制自己的主导权，任何人皆可胜任。

也可以根据各种状况，委托儿童文学专家来担任领读者。

必要的材料和方法

不过分宽敞、天花板不太高的空间——教室或图书室，是非常理想的活动场所。如果委托校外专家前来做领读者，必须准备好所选书籍、车费、谢礼等。

另外，需准备数量充足的书籍，供参与者事先阅读。

实施方法

领读者开展活动时，要使用讨论的技巧。

（1）至少有八成参与者都阅读过指定的书籍。

参与者各自事先阅读指定的书籍。尽管为了让参与者在活动中参与讨论而需要给予充足的阅读时间，但时间太长反而容易忘记内容，因此，在活动前十五天左右分发书籍较为理想。

（2）请孩子先说出故事概要。招募有尝试意愿的孩子约六位，采用接力方式将活动顺利推进。一位孩子讲完故事概要后，领读者询问大家有没有遗漏之处。

如果有的孩子的发言有所遗漏，领读者要随时留心，在不造成彼此干扰的状况下，请知道的孩子加以补充，好呈现出清晰而完整的故事大纲。

（3）进入实际的讨论阶段。领读者激发出孩子想评价此书的兴趣：最喜欢哪一部分，最不喜欢哪一部分，哪个地方最有趣，哪个地方最值得玩味，哪个地方最贴近现实，哪个地方最神秘，哪个地方最无聊，哪个地方最酷。

（4）引导他们比较书中发生的事件与自己存在的现实环境，以及自己所面对的问题。此时，要避免触及个人隐私。

（5）提议下一次的"书与读者的关系：我与书籍"活动，并决定要选用哪本书。

所需时间

根据参与者的年龄和人数而定。活动时间一般为四十五分钟到一个半小时。

孩子感兴趣的程度、投入程度与困难程度

如果活动进行得顺利，会有大半的孩子想表达意见，这样很容易引起他们的兴趣。

如果当中出现表现不佳的孩子，或不习惯表达意见的孩子，将会增加此次阅读作战开展的难度。

另外，假如太集中于书籍内容的讨论，就无法完成此阅读作战所有的目标。

组织阅读作战后的分析与思考

实践过此类阅读作战方法后，领读者应记录每次活动的结果，仔细思索开展活动的方式是否恰当。领读者是否做到了不将自己的阅读方式强加在孩子身上，而让他们畅所欲言？非常必要的一点是，为了激发孩子最大限度地展现阅读能力，大人不可强求他们照着自己的阅读方式走，领读者要反思是否做到了这一点。还有，在讨论过程中，能否一直稳定地保持相互尊重的气氛？一旦发生任何突发状况，领读者都必须避免孩子之间产生冲突。

7. 分析角色：他是什么样的人

解题

　　从标题便可推知，此阅读作战方法的目标为，通过对角色的分析，从书本中找出相关的正确信息，即各个角色是什么样的人，穿着什么样的衣服，做了什么样的事情，心里在想什么，对身边的事物有怎样的感受等。因此，这是个充分表达了此阅读作战方法目标的标题。

参与者

　　假如要实践整个阅读作战方法，活动对象的年龄应在十到十一岁，或者以上。如果只实践其中一部分，例如聚焦在外在特征的讨论上，活动对象的年龄段便可降低。

　　避免人数过多，二十人左右最佳。

　　如果此活动的人数过多，将不容易取得效果。因此，与其让太多人参加，不如分成两场进行。这一点请领读者再次思考、判断。

目标

* 理解所阅读的内容。
* 乐于享受书中的各种行为表现。
* 认真思考书中所写的事物。
* 发现各个角色究竟是什么样的人。

领读者

领读者必须能以故事角色作为材料，从三个层面来分析书籍的内容。在活动进行前，如果领读者能将书中角色的服饰、外在特征和情感制成详尽的表格，会方便许多。

必要的材料和方法

此活动仅需以口头来引导，因此只要准备供孩子事先阅读的书籍即可。但如果有黑板用来写下孩子所列举的人物姓名，效果会更佳。

实施方法

领读者需向孩子说明，今天的活动要从穿着、外在特征、情感三个层面，找出所阅读书籍中的主要角色究竟是什么样的人。

（1）领读者抛出"你觉得谁是这本书里重要的角色"这一问题作为开头。孩子将会对此有不同意见，领读者加以整合，归纳出哪些人是这本书的重要角色。

（2）决定了书中的重要角色后，花一些时间让孩子说说，这些人穿着什么样的衣服。此时，孩子可以边翻书边回答。

（3）关于角色所穿服饰这一部分的发言结束后，请孩子思考并回答"这些人具有什么样的外在特征""这些特征代表了什么"诸类问题。

（4）分析这些人物的情感层面：他们对某件事持什么样的态度，如何表达他们的情感。但必须避免出现"他是好人""他是坏人"这样的二分法。

孩子如果能通过各种想法丰富自己的内心，对他们今后的阅读将起到非常重要的作用。

所需时间

如果完整地实践此活动，参与者又十分擅长找线索的话，应该需要一个小时以上。不过，为了不使孩子感到疲惫，即使三个层面的线索尚未搜寻完毕，但领读者认为已经到了该结束活动的时机时，就结束活动。

孩子感兴趣的程度、投入程度与困难程度

由孩子去发现角色是什么样的人，有什么样的特征，这本身就能引起他们的兴趣。

如果选择的故事对角色的描写不鲜明且语言贫乏，情节也缺乏高低起伏，活动进行起来可能会有很大的困难。

组织阅读作战后的分析与思考

领读者首先必须思考：采用所选书籍是否达到了预期效果，是否有更合适的书可供选择？如果太过心急，选出的书往往不符合此阅读作战方法的特质。也需要反思自己是否有足够的耐心静静地等待孩子有所发现。是否由于无法掌控好节奏，让活动变得枯燥无味。

8. 分析句子：找出伪造的句子

解题

此阅读作战方法的目标为，找出隐藏在文章中的那些以假乱真的伪造句子。因此，以此为标题应该十分合适。我认为"分析句子：找出伪造的句子"这个标题，能充分表达出此活动的内容，也能引起参与者的兴趣。

参与者

并没有特别的限制，但人数不宜过多，十到二十五人是理想的人数。因为参与者必须安静地思考，且都要表达想法，所以人数的限制十分重要。假如参与者过多，请分两次进行。

如果所选书籍符合参与者的年龄和已有知识，便不需细究孩子的阅读理解能力水平。

目标

* 理解所阅读的内容。

* 锻炼记忆力。

* 充分留意到书中所描绘的事物。

* 能够判断内容的梗概是否具有连续性。

领读者

领读者必须能够选出合适的书籍，能够更改书中的一些段落，使其发生细微的变化，同时具有精准的判断力。此外，领读者还必须具有儿童文学的相关知识。

必要的材料和方法

开展此阅读游戏时，所选取的段落必须写下来，发到每个人手中。因此，领读者要先从书中选出大概五个段落（如果孩子的阅读能力不足，可减少选取段落的数量。如果孩子经常阅读，则可增加至六个段落以上），并写在一张纸上。其中每个段落都混入领读者伪造的一个足以乱真的句子（视情况可增加至两句）。将该纸张印出所需的份数。

此外，如果每个人手上都有一本书供自己自由使用，是最为便利的。假如无法人手一本，至少也要准备好能够使活动顺利进行的数册书籍。

实施方法

领读者在活动开始前，准确记住正确的段落以及混杂于其中的伪造句子。

（1）活动前，要有充裕的时间告知孩子所选书籍的书名（如果选择了多本书，便提供全部书籍的书名），并使其都能拿到书籍进行阅读。

为了能在参与者记忆犹新时进行活动，我们通常建议在活动前，预留十五天的阅读时间。

（2）活动时，领读者聚集所有参与者，将事先准备好的纸张发给大家，并告诉他们每个段落里都有一个或更多的伪造句子，请他们找出来。该阶段要维持肃静的气氛。如果孩子无法集中心神去阅读，便无法找出与书籍内容无关的伪造句子。

（3）大家都将自己认为正确的伪造句子找出来并画上线之后，领读者请他们分别朗读该部分。领读者加以记录，等所有人都发表完自己的想法后，公布答案。

（4）不采用打分数的方式，而是让每个人分别说明自己为何能看出那个并非作者创作的句子。

所需时间

如果纸张上只有一个段落，里面包含了一个伪造的句子，十五到二十分钟便可结束活动。如果有三个段落以上，所花的时间自然更多。

孩子感兴趣的程度、投入程度与困难程度

如果领读者能明确地从书中选择段落，能有逻辑地辨明插入的句子，能将活动内容变得更加丰富活泼，那么此阅读游戏将会充满趣味。

若孩子阅读得不够深入，甚至无法记住阅读过的内容，或无法找出因插入伪造句子而导致的不合逻辑之处，或所选书籍对孩子来说太难或太简单,都将使活动无法顺利进行。

组织阅读作战后的分析与思考

领读者必须分析自身的状况如何,例如:是否准备得足够充分?是否从书中选出了合适的段落?是否应该再次挑战此阅读作战方法?

9. 人物描写：这段所描述的是谁

解题

将讨论的重点放在角色身上，此种阅读作战方法非常多。以我的经验来说，这是因为比起故事或小说中的一段情节，孩子的心思更容易受到书中角色的吸引。即使孩子明白描述大自然的段落在故事铺陈中具有一定的作用，但他们总是倾向于在不知不觉中略过该描述。

于是，带领孩子阅读关于角色的简短描述，指出该段适合哪个角色的阅读作战方法——"人物描写：这段所描述的是谁"，便成形了。

参与者

如果选用极其简单的书籍，年幼的孩子也可以参加。但如果选用具有难度的小说，参与者需要限定为初中生或高中生。

至于人数，假如将孩子聚集起来之后仍能够保持安静，多达三十人也没问题。

目标

　　* 理解所阅读的内容。

　　* 留意书中人物的感情与态度。

　　* 培养注意力。

领读者

　　领读者要能从书中找出合适的角色，并承担繁重的工作，制作出供参与者使用的卡片。

必要的材料和方法

　　与其他阅读作战方法相同，必须准备足够数量的书籍。

　　可使用厚纸制作卡片，或购买市售的卡片。在一张卡片上写下关于一个角色的描述，该描述以能够充分表现人物的情感、态度及心理特质为宜。选取八到十个角色，找出关于他们的各种侧面描写段落。准备符合参与者数量的卡片。

　　为此，领读者必须选择角色繁多的书籍。

实施方法

　　准备好卡片，所有参加的孩子也都事先阅读过书籍，便可按照以下步骤进行活动。

　　（1）领读者简短说明故事梗概，引导孩子回想所阅读的内容。

　　（2）将卡片翻到没有写字的那一面，发给孩子，每人一张，并告知孩子卡片还未全部发完，请勿先看内容。卡片都发完后，请孩子默读卡片上的内容，静静思考该段描述的是谁。给他们大约五分钟的时间。

（3）时间到了，领读者请一位孩子朗读卡片上与某个角色相关的内容。读完后询问这个孩子："这段所描述的是谁？"并聆听他的想法。像这样让孩子按顺序轮流朗读、发表观点。

（4）所有人都发言结束后，领读者询问大家，这些角色中"谁最有魅力""谁最高贵""谁最宽容""谁最公正"，让孩子将这些非常重要的人格特质记在心里。

所需时间

根据参与者的人数与年龄而定，一般需花费一个小时左右。

孩子感兴趣的程度、投入程度与困难程度

并非只选取具有正向特质的人物，也需关注具有负向特质的人物。另外，如果领读者能从主角到具有独特性的配角中巧妙地选取角色，将更容易引起孩子的兴趣。

活动有可能会因孩子的阅读理解能力不足或书籍的选取不恰当，而难以顺利进行。

组织阅读作战后的分析与思考

关于活动进行的状况好或不好，领读者首先要做的，是从自身开始打分数。

另外必须反思，书籍选得是否足够好？角色选得合不合适？是否将"什么样的价值可丰富人类生活"清晰地烙印在了孩子心中？

10. 朗读游戏：抓到了

解题

　　尽管标题为"抓到了"，却并非指如同躲猫猫游戏似的实际抓到人，而是一种比喻。也就是说，当一个孩子出声读出故事的一部分时，如果其他孩子发现有地方读错了，便将其错误抓出来的阅读作战方法。

　　所有的阅读作战方法都该像这样活力充沛、充满乐趣，且令人满心期待，如此孩子才能自然而然地融入其中。我认为，"朗读游戏：抓到了"是十分符合此活动内容的标题。

参与者

　　九岁以上的孩子，限定在三十人以内，可获得最佳成效。三十人以上的话，得花上更多时间，而且会削弱效果。

目标

* 通过聆听朗读,达到理解内容的目的。
* 将注意力集中在被朗读的内容上。
* 养成自制力。
* 以正确的发音出声朗读。

领读者

领读者能够正确朗读,同时需具备找出他人读错之处的能力。

必要的材料和方法

首先,必须找到一个合适的场地,最好选择不太宽敞,且能使声音集中的空间。另外,最好能让每位参与者都有一本活动中将使用到的书籍。假如难以做到,至少也得备好五到十册的书籍。

此外,准备好担任裁判的孩子所需的数个哨子,但哨子的声音应避免过于高亢尖锐。领读者要用的哨子则需另外准备。

实施方法

实施此阅读作战方法前,孩子不可以先阅读选用书籍。

(1)请孩子围成一个圆圈。至少前五个要出声朗读的孩子,手上都必须有书。

领读者与担任裁判的孩子站在圈外,隔着圆圈两两相对。两人都将挂在颈部的哨子拿在手上。

(2)领读者向孩子说明,接下来大家要采用接龙的方式,连续朗读同一本书的内容，并且在读完后对各自所读的内容发表评论。孩子们必须避免在朗读时出错。

（3）以领读者吹哨子作为信号，第一个孩子开始出声朗读。

一旦出错，位于朗读者右边的孩子（称为"隔壁那位"）立刻喊"停"，并从出错之处接下去朗读，读错的孩子则离开圆圈到外围去。

假如朗读的人出错了，"隔壁那位"却没发现，即由圆圈外的裁判抓出来。只要裁判一吹哨子，错失通知机会的"隔壁那位"也会丧失资格，要到圆圈外的"角落"里。

如果"隔壁那位"和裁判都没发出信号，领读者要吹三声哨子。在此状况下，裁判丧失资格，离开原有的位置，且由其他孩子（已经朗读过的孩子较合适）从领读者那里拿另一个哨子，成为新的裁判。

正在朗读的孩子如果一直没出错，在读了九十秒或一百秒后，由领读者吹两声哨子，换成"隔壁那位"来朗读。

请注意以下几点：

a. 如果书籍数量不足，不够发给每个参与者的话，读错的孩子离开圆圈时，便将手上的书交给还未朗读的、最先会轮到的孩子。如果书籍数量足够，人手一册，大家便能一起不中断地进行游戏了。

b. 读错也可归纳出常见的状况。例如：读错词语；读到句号时没有停顿；名字的发音错误；尽管是疑问句，却没有读出疑问的语气；明明没有逗号和句号，却停顿下来；将复数读成单数等。

c. 如果参与者较少，也可在读错两次后再出局。在这种状况下，领读者将孩子犯了什么样的错误，全都当场写在纸上或黑板上。如果参与者有三十人，犯一次错误即判出局。

d. 领读者将常出现的错误——逗号、分号、问号、省略号、感叹号、念错名字等,写在黑板上,让离开圆圈的孩子,在自己所犯的错误上做记号。如果孩子犯了黑板上所写条目外的错误,则将该条目补上。

(4)所有参与者全都朗读结束后,大家针对朗读的情况发表意见,互相讨论。为了能参与讨论,离开圆圈的孩子,也要仔细聆听其他孩子所读的内容。

所需时间

根据参与者的人数而定,大约一个小时。

孩子感兴趣的程度、投入程度与困难程度

可引起孩子高度兴趣的情况包括:裁判和"隔壁那位"反应迅速,且能够生动活泼地将活动推展下去;孩子们能集中精神聆听他人朗读;尽管有人不留心读错了,"隔壁那位"和裁判却能立刻察觉。

假如参与者不具备出声朗读的良好能力,朗读时不断出错,搞不清楚故事的主要内容,那么,活动将难以顺利开展。

组织阅读作战后的分析与思考

领读者为了使自己能够越来越善于开展活动,必须记录下此次阅读作战的开展方式是否合适,以及哪个部分运作得不够好。例如:孩子们是否集中精神聆听朗读?自己是否在最恰当的时机吹响了哨子,或由于走神而忽略了?孩子是否忘我地融入活动中?活动是否具有动态游戏该有的活泼气氛?此外的任何细微之处,也都要记录下来。另外,也需反省审视故事的选择是否合适,朗读时间是否时长时短。

第二章

唤醒阅读的喜悦

11. 取书名：这是我取的书名
12. 思考故事顺序：在前面吗，还是在后面呢
13. 找错：误植
14. 正确诵读：布鲁鲁
15. 问答比赛：对战
16. 逻辑思考：各个标题应位于哪里
17. 关注场景：书上这么写道
18. 总结书籍大概：这是内容梗概
19. 理解写作手法：海盗掠夺文
20. 理解角色：谁是"法劳第"

11. 取书名：这是我取的书名

解题

　　思考某本书在原有的书名之外，还可以取什么样的书名。这对于从各层面"抓住"作品，专注地审视、思考阅读内容以及挖掘其中所蕴含的意义都有帮助。如果不静下来一再思索，就无法想出合适的书名。假如看了大家想出来的书名，所有人的阅读体验能因此而变得更加丰富，便能明了"取书名：这是我取的书名"这一阅读作战方法所代表的真正价值是什么。

参与者

　　参与者如果在十一岁以上，可能会取得良好的效果，但在高中生或成年人当中开展此活动，也会产生有趣的效果。由于必须思考、选择、投票，因此要避免人数过多。十五到二十人应该较为适当。

目标

*　能深入地阅读作品。

*　能将自己的所得传达给他人。

*　能专注地思考阅读的内容。

领读者

　　此人应拥有身为一位领读者该有的知识。此外，还需具备较强的表达能力，能为孩子实际示范如何深入地阅读，能激发孩子积极参与的动力。

必要的材料和方法

　　符合参与者人数的书籍。孩子事先将书籍阅读完毕，活动期间也需人手一书。另外需要准备孩子用来写书名的纸与文具。此外，还需要准备黑板，用来写下孩子所想出的书名。

实施方法

　　领读者说明书名具有哪些功能——与其他的书籍做出区别，表达作品的独特性，告知内容，吸引读者翻开阅读。另外，引导孩子留意书名的各种形式：有的是一个短短的词语，有的可成为一段长句，有的品位极佳，有的品位极差。因此，有的书名好，有的差；有的吸引人，有的不吸引人。

　　（1）让孩子想想他们阅读的书籍，其书名与内容是否相呼应呢？是否有更好的书名呢？接着告诉他们，不管思考结果如何，都请想出其他书名。

（2）每人将自己认为的最佳书名写在纸上。如果想出多个，全部写在纸上，然后默读，删除不太满意的书名，最后只留下一个。

（3）领读者在合适的时机，要大家按顺序清晰地读出自己所取的书名。重复朗读书名直到每个人都清楚。领读者请一个孩子在黑板上将书名全部分类写好。

（4）发言结束后进入投票阶段。投票数写在每个书名之下，将得票数少的书名全部擦掉，只留下票数较高的三四个。

（5）进行决战关头的投票，选出最佳书名。

（6）选出票数最高的书名后，请想出该书名的孩子说说为什么会取这样的书名。特别是请孩子说明，是注意到了内容的哪个部分，而取了这个书名。如果有时间，也请得票较高的孩子说说他们的想法。

领读者加以总结、评论。

所需时间

仅花费必要的时间，避免参与者感到疲惫。人数过多的话，时间将会拉长，如果遇到这种情况，只投一次票即可。

孩子感兴趣的程度、投入程度与困难程度

与其他需要阅读的活动一样，此活动也有这样的共通点：如果孩子没有读书的习惯，活动将很难进行下去。

相反，如果孩子希望将创新的精神、所发现事物的价值、读书很棒这些想法传达给他人，那么，他们的兴致将非常高涨。

组织阅读作战后的分析与思考

　　此阅读作战方法很容易吸引孩子全心全意地投入。如果没有达到此效果,领读者需要思考到底哪里出了问题。书籍选择得不够好吗?参与人数是否过多呢?领读者带领活动时是否有气无力?令孩子感到冷场的时间会不会过长呢?

12. 思考故事顺序：在前面吗，还是在后面呢

解题

　　这是个关于思考事件顺序的阅读作战方法。孩子们需要将直接从所阅读的书中摘选出来的几个段落，按照它们在作品中出现的顺序加以排列。

　　"思考故事顺序：在前面吗，还是在后面呢"，我认为，它可以与活动中孩子更换前后位置的动作相呼应，因此这是个恰当的标题。

参与者

　　如果选择内容简单的书籍，可以在年龄段较低的孩子当中开展，但这些孩子必须具有自己阅读书籍的能力。如果孩子的年龄段提高，则必须选择难度较高的书籍。

　　至于参加人数，十五人是非常理想的，但多至三十人应该也没问题。

目标

* 培养阅读时的专注力。
* 能明白故事顺序及其节奏具有什么价值。
* 能养成和伙伴合作的精神。
* 能看重作品中出现的论点。

领读者

领读者必须能够控制整个场面,让此阅读游戏进行时不至于发生混乱与骚动。另外,要能深入理解所选的书籍,并能细致地准备好此阅读游戏所需要的一切。

必要的材料和方法

符合参与者人数的书籍。按照一贯的原则,要求参与者在十五日内阅读完毕,并建议当场至少两人共用一本书。

另外,必须为参与者每人准备一张卡片,每张卡片上分别写着书籍中的一个段落。

实施方法

领读者请孩子围着自己坐好。

(1)领读者分别发给每个孩子一张卡片。这些卡片需要事先剪裁好,每张卡片上写着一个从书中摘选出的段落,并将顺序打乱。在卡片发完之前,孩子们不可以看上面的内容。

(2)给予他们五分钟的默读时间。

(3)当所有人都明了卡片所写的内容后,领读者请最靠近自己的一个孩子朗读他拿到的卡片上的内容。

　　接下来，请第二个孩子朗读自己拿到的卡片上的内容。假如第二个孩子朗读的事件，比第一个孩子朗读的事件在书中出现得早，那么，第一个朗读的孩子要将自己原有的位置，让给第二个孩子，自己则移到原本第二个孩子的位置。

　　接下来，请第三个孩子朗读自己拿到的卡片上的内容，并询问他，和前两个孩子所读的段落相比，其顺序是在前还是在后。如果在前两个孩子的前面，前两个孩子就得移动位置，第三个孩子则坐到最前面。如果在前两个孩子的后面，便维持不动。如果在前两个孩子的中间，第三个孩子则移动到他们的中间。

　　循此方式，所有人按顺序朗读自己手上的卡片内容，并移动到自己所认为正确的位置。

　　（4）所有人都移动到自己认为正确的位置后，领读者在确保安静的状况下，请参与者按照已经排好的顺序，再一次朗读卡片上的内容，给大家最后一次交换位置的机会。活动进行至此，领读者依然不要发表意见，只需静静地看着孩子们依靠自己的判断重组书籍内容。一直到此次朗读结束，再告知他们排列的顺序是否正确。

　　当所有段落的顺序都排列清楚后，再次请所有人按顺序朗读卡片上的内容，唤醒之前的阅读记忆，重新再调整一次。

所需时间

　　只花费必要的时间。若所有人都认真读过书的内容，排列顺序时也很顺畅的话，大约四十分钟便可结束。如果有人阅读书籍时不够认真，排列顺序时也不顺畅，就得多花一点时间了。

孩子感兴趣的程度、投入程度与困难程度

参与者如果很投入、很专注地阅读了书籍，应该会充满兴趣，再加上思考后，能移动到合适的位置，那么，兴致将更为高涨。

假如有的孩子记忆力较差，几乎记不起书中所描述的事件，便会出现难以顺利进行的状况。此外，在孩子变更位置时，领读者需要掌控局面，以免产生混乱。如果发生了严重的骚动，领读者必须想办法让此种状况得以平息。

组织阅读作战后的分析与思考

活动结束后，领读者必须认真地回顾每个细节。尽管应该将注意力导向内容，但仍会发生孩子只专注于玩耍，以至于无法完成此阅读作战方法所定的目标。请领读者自我分析，段落是否摘选得足够巧妙？选取出来的段落是不是过于简单？或反之，会不会由于所选段落太难而导致孩子不易理解？

13. 找错：误植

解题

　　此阅读作战方法的目标是找出文章组成的错误，因此我认为"找错：误植"是最贴切的标题。误植是新闻学的用语，用来指印刷品上的文字或记号出现错误，用在这里具有比喻的意味。

参与者

　　由于此阅读作战是个动脑的过程，有助于参与者分辨词语、语句的用法，也有益于专注思考的能力，因此不适合年龄太小的孩子。人数也不宜过多，十五到二十人为宜。不过，如果活动对象是平日已能够深入阅读的孩子，人数增多一些也无妨。

目标

　　* 能理解所阅读的内容。

* 锻炼记忆力。
* 培养观察力。
* 提升注意力。

领读者

领读者必须多次阅读书籍，直至熟读，并能够安静地等待，直到孩子完全理解此阅读作战方法为止。另外，要能通过文章的结构或书籍的文体，让孩子懂得辨识字词、语句的使用价值。还需要具有足够的判断力，能在准备阅读游戏使用的卡片时，选出容易替换词语的合适段落。

必要的材料和方法

准备好足够的书籍，供所有参与者事先阅读。此外，需准备两种纸张，在活动时发给每个孩子。

首先，A纸张写上从内文中选取的八到十个段落，并按照其在书中出现的顺序标上编号。B纸张写上所选取的原文段落，并更改其中一到两个段落，融入原文。

在更改段落时，动词、形容词以及名词等，都尽量维持小幅度的变更。如果结构与原本的段落不同，也要尽量看起来类似。此外，段落更改后也需保留原意。

如果以初中以上的学生为活动对象，经变更的B纸张段落，一段原文附上两三段变更后的段落。如果以九到十岁的孩子为活动对象，所附的变更段落只需一段就好。

实施方法

在活动前一周，即使提早也不要超过十五天，让孩子开始阅读所选的书籍。此阅读游戏的进行方式如下：

（1）领读者把孩子集合起来，将写有原文段落的 A 纸张发给他们，给予一定的时间，请他们专心默读。默读结束后，收回 A 纸张。

（2）领读者发下 B 纸张，上面写着书中原本的段落以及领读者加工修改过的段落。领读者给予适当的时间，让孩子从中选出在 A 纸张上读过的相同段落，也就是找出与书上完全相同的段落，并做上记号。

（3）时间到了，请他们逐一朗读自己所认为的书中原本的段落。答案是对是错，领读者只需悄悄地记录下来。此时，先不公布答案。

（4）询问完所有人的相关意见后，领读者公开哪一段为正确的段落。

所需时间

根据孩子的阅读水平而定，但大致三十分钟便可结束活动。参与者的人数也会影响所需时间。人数过多的话，大家将难以集中精力，因此会多花一些不必要的时间。

孩子感兴趣的程度、投入程度与困难程度

有几个重点需注意：要能够从书中选出合适的段落，对原书段落的更改要符合孩子的阅读理解程度，要善于运用时间。

在活动中，如果有些孩子平时不常阅读，将无法找出原书段落与修改后段落的不同。所以，此阅读作战方法并不适合很少接受阅读训练的孩子。针对这样的孩子，另有其他更合适的阅读作战方法。

组织阅读作战后的分析与思考

领读者要分析与之前的叙述互有关联的以下几点：此阅读作战方法是否符合孩子的阅读理解能力水平？参与者是否充分消化了此阅读作战方法？此外，留给孩子默读的时间是否合适？

14. 正确诵读：布鲁鲁

解题

　　除了例外情况，诵读的阅读教育已经从西班牙的教育现场消失了。不过，最近这个缺口开始导致一些问题，因为诵读可有效训练孩子的表现能力与发声方式，而且根据专家的意见，它也有助于孩子学习书写。针对现状发展而来的"布鲁鲁"阅读作战方法可视为重拾诵读教育的一种现象。"布鲁鲁"一词源于16世纪的西班牙，指的是徒步巡回各村落表演的说唱艺人。这一阅读作战方法即使无法让孩子达到像他们一样精熟的境界，也能获得类似的良好效果。

　　应尽可能完成"正确诵读"目标——使听众一听便能够明白所诵读的内容是什么，同时留意标点符号以及声调的高低起伏。

参与者

　　这一阅读游戏假如进行得宜，将能让孩子玩得很开心。由于参与者必须保持安静、专注，如果人数过多，此阅读游戏将无法达到预期效果，因此，以十五到二十人最为合适。

目标

　　* 培养孩子的专注力。
　　* 让孩子能够根据不同角色朗读出各种声调。
　　* 训练出能让听众听明白的诵读能力。
　　* 让孩子拥有自制力。

领读者

　　领读者必须能判断参与者诵读时的表情、声音变化和韵律，究竟是好是坏。此外，领读者的听力要足够敏锐。

必要的材料和方法

　　准备好符合参与者人数的书籍，如果能人手一册进行活动最为理想。此外，需要人手一个笔记本和用来记录的文具。选择宽敞的房间或教室、图书室等利于声音传播的地方来作为活动场地。如此一来，即使孩子不能大声诵读，其他人也不至于听不到或听不清楚。

实施方法

将孩子们集合，确保人手一本书，向他们说明古时的西班牙有一种称为"布鲁鲁"的说唱艺人，他们徒步游走于各村落，根据故事中的不同角色变化音色与声调，以抒情诗的方式吟唱称颂英雄、骑士的传说或史诗故事。同时邀请孩子模仿"布鲁鲁"进行游戏，告诉他们要一边按照角色变换音色与声调，同时速度要有快有慢，诵读出各自所负责的部分。

（1）从位于领读者右边的孩子开始，根据出场人物变换声调诵读。

（2）当领读者发出事先约定好的信号，由原本位于诵读者右侧的孩子接下棒子。信号可以是用嘴说的"好，接下来那位"等言语，也可以用吹哨子来表示。

（3）某个孩子诵读时，其他孩子各自在笔记本上记下诵读者的名字，当对方诵读结束后，悄悄地打上一到五分的分数。

（4）当所有人都诵读完毕后，请孩子公布自己打的分数，得分最高者，给予"最强布鲁鲁"的称号。之后大家一起讨论，"最强布鲁鲁"为什么可以得到那么高的分数，他诵读的方式有哪些很棒的地方。

所需时间

仅花费必要的时间，但必须避免参与者在中途感到无聊。要是一直难以顺利往前推展，无法充分表现出个别角色的特色，那么活动将会变得很沉闷。

孩子感兴趣的程度、投入程度与困难程度

如果孩子能发挥丰富的表现力进行诵读，听的人很容易就能够捕捉到角色的特征，且充满想要好好诵读的愿望，活动将会变得非常有趣。如果孩子不习惯诵读，此阅读作战方法将难以推展。

组织阅读作战后的分析与思考

领读者要认真反省自己的各项举动是否合适。因为孩子们能不能顺利地进行活动，取决于领读者的引导，所以，如果能反躬自省，下一回的"布鲁鲁"应该会更见成效。

15. 问答比赛：对战

解题

　　虽说是以对战的方式推行的阅读作战方法，实际上却是运用脑力的、非常和睦的对战。参与者分成两队，以回答所阅读书籍的相关问题为基础来进行阅读游戏。每队的实力，根据每个人阅读作品的深入性而定。此阅读作战方法可用来重新确认个人的力量是如何营造出整体最佳战斗力的。

参与者

　　初中以上年龄较大的孩子。

　　人数不要超过二三十人。如果一队只有五个人，即所有参与者共十人，也可以进行得非常顺畅。不过，如果每队十个人，共二十人，将会使活动内容更加充实。

目标

　　* 能深入阅读，挖掘出文本的内涵。

　　* 能够判断书中哪个部分是重要的。

　　* 能留意到某个不突出的事件在文中起到了某种作用。

领读者

　　领读者必须喜欢阅读，能激发出孩子跃跃欲试的心。另外，需仔细阅读活动中所选用的书籍，并找出足以作为问题的事件，以及文中最重要的事件。

必要的材料和方法

　　首先，准备好足够的书籍，供孩子事先阅读。另外，需为每个孩子准备一个笔记本和一支圆珠笔。

　　领读者需要记录孩子所提出的问题，所以，需要准备自用的笔记本以及用来记录的文具，还必须准备黑板或具有相同功能的物品。

实施方法

　　活动前几天，领读者请参加活动的孩子想出三个和阅读内容相关的问题，且悄悄写在纸上，不要让任何人看见。

　　活动当天，孩子集合完毕，分为人数相同的两队，告诉他们每一队要选出发言人、取好队名。

　　接下来，给两队一些时间，队内成员互相讨论大家写下的问题，决定采用哪些问题让对方回答。领读者在此阶段可以发表自己的意见。

经过十五到二十分钟后,两队成员各排成一列,面对面坐好。领读者站在两队中间,担任裁判。之后按照下列步骤进行比赛。

(1)A队的一人向B队的一人提问,B队的孩子如果独自回答正确,B队得两分。如果答不出来,可向队友求助。其中一种状况是由发言人直接回答,另一种状况是由发言人指定他认为知道答案的人回答,如果答案正确,可获得一分。如果还是回答错误,则得零分。领读者在黑板上记录分数。

(2)在此进行互换,由刚刚负责回答的B队向刚刚出题的A队提问。领读者在黑板上写下结果。用这种方式让两队的成员都进行完提问与回答,结束第一回合的比赛。

(3)如果人数和时间都允许,且从所选书籍中出的题目足够多——根据故事的长度和内容而定,便可进行多个回合。反之,则在进行过一两个回合后结束活动。

(4)比赛结束后,担任裁判的领读者宣布分数。

根据最后的总分可判断哪队的成员在充分阅读指定书籍后,进行消化与吸收,且有能力挖掘内涵,找到可供出题的内容。

所需时间

一个到一个半小时。同时,孩子的阅读能力和比赛的进行状况,也会影响时间的长短。

孩子感兴趣的程度、投入程度与困难程度

孩子怎样出题、怎样提问,这些都会使得效果有所不同。

如果没有好好地阅读指定书籍,或是不知道怎样提问、怎样回答

较好，那么活动将很难继续下去。

组织阅读作战后的分析与思考

领读者需要分析自己是否确实教给了孩子们提问的基础知识。在此活动中，领读者并非自己提问，而是必须教给孩子们相关的提问方法。

对于让孩子们了解具有特征性事件的组成要素——谁、在什么时间、什么地方、什么原因、做了什么、如何做的，这或许是个绝佳的机会。

另外，还需回顾自己是否充分掌握了书籍内容，并能公平担任裁判的角色。

16. 逻辑思考：各个标题应位于哪里

解题

　　这个阅读作战方法是让某个孩子看了领读者定下的标题后，向其他参与者说明该章节发生了什么事。在这个过程中，参与者必须留意作品中出现了什么场景，并积极地理解各处所表达的主旨与内涵。这是个将章节标题与内容连接在一起的阅读作战方法，因此取名为"逻辑思考：各个标题应位于哪里"。

参与者

　　以初、高中生为活动对象。由于不能使用内容过于简单的书籍，因此对初中以下的孩子来说会很困难。

　　参与者不要超过二十人。

目标

* 能深入阅读。
* 强化记忆力。
* 锻炼专注力。
* 注重逻辑思考的能力。

领读者

领读者必须熟知儿童文学和青少年文学，能够选择出最适合此阅读作战方法的书籍。另外必须习惯与初中以上的学生一起开展活动。领读者还必须是一位具有深入阅读能力，有能力为各章节拟定合适标题的优秀战略专家。

必要的材料和方法

首先，准备好足够的供孩子事先阅读的书籍。由于这一阅读游戏必须一边凭记忆力回想书籍的内容，一边进行挑战，因此领读者应尽量在接近活动开展前，才让孩子阅读书籍。

接下来，必须准备足够的厚纸张，在上面写上章节标题，做成卡片。领读者想出和整个章节主题与场景相呼应的标题，一一写在卡片上。

为此，请选择没有章节标题的书籍。如果选了有章节标题的书籍，只要标题并非直接表达出其内容，依然可以选用。

将每个章节的标题和大纲写成备忘录，作为领读者使用的解答范例。

实施方法

做好各项准备，所有参与者都已读过所选书籍后，集合在一起，就可以开展活动了。

（1）领读者简短复习书中的内容梗概。

（2）发给每人一张卡片，每张卡片上分别写着一个标题。此时，给孩子们五分钟的时间，告诉他们看了自己拿到的卡片上所写的标题后，思考该章节发生了什么事，其中包含的主要场景和细节。

如果章节数少于参加人数，便两人一组。但一定要避免为了与参加人数相符而为一个章节取两个标题的情况，以免导致混乱。

（3）参与者按顺序说出各自所持的卡片标题指的是哪个章节后，领读者公布每个人的答案是否正确。

（4）请答对的孩子说明他的思考过程。

所需时间

花费所需的必要时间。思考答案要花多少时间，这将因人而异。无论如何，五十分钟到一个小时应该已经足够了。

孩子感兴趣的程度、投入程度与困难程度

假如所取的标题符合章节内容，孩子却难以一下子想出答案，那么这将会引发他们的兴趣。

另外，如果孩子乐于阅读，记得各个场景与情节，他们也会感到兴致高涨。

如果孩子仅限于浅层阅读，且所选书籍的内容过多、太无趣或有太多重复，活动便难以顺利地往下推展。

组织阅读作战后的分析与思考

即使操作过多次，领读者还是必须在活动后分析其结果：是否选择了合适的书籍？各章节所取的标题是否精确？内容是否过于简单或过于困难呢？自己是否公平地扮演了领读者的角色？还有，参与者的人数是否过多呢？

17. 关注场景：书上这么写道

解题

不论故事、小说或传记，书籍都有其魅力。魅力来自于对各种场景的鲜明描述，以及揭示角色性格、态度的词句和段落。这一阅读作战方法的目的，便将重心放在了这上面。由于此阅读作战方法是引导孩子关注书中的某个场景，以及处于该场景中的角色，因此定下了"关注场景：书上这么写道"这个标题。

参与者

以十二岁以上的孩子为对象比较恰当，人数控制在二十五到三十人以内。

目标

* 能注意到一本书中某些段落的重要性。

* 锻炼阅读的专注力。
* 能深入阅读文本。
* 能乐于玩味书中原本微不足道的地方。

领读者

领读者必须有能力评估故事中极为细微的点，以及某些段落所起的作用。另外，必须能够发现作者藏在字里行间的信息，并能示范如何深入阅读书中的细微之处。

准备此阅读作战方法所需的书籍需要有足够的专注力、判断力和时间，这并非简单的工作，因此对所选书籍必须反复阅读。

必要的材料和方法

这是较为复杂的阅读游戏，因此最好人手一本书。如果无法做到，便退而求其次，准备足够能让参与者仔细阅读的册数。

接下来，根据以下要领，准备已写上文中段落的纸张，每个段落都必须能将孩子的关注力引导到书中某个场景和其中的角色上。要领一是，选出和参与者人数相符合的段落；要领二是，假如有三十位参与者，就选出三十个段落，并将半数（十五）段落分别写在一张纸上，剩余半数段落写在另一张纸上；要领三是，将前述两张纸各印十五份，让每位参与者都拿到一份。

事先为所选的段落从一到三十写好编号，这样会更便利。

以下是段落文章的实际举例："飞机在低空飞过，轰隆轰隆的声响盖过了对话……书上这么写道。"（记住：不管哪段文章都以"书上这么写道"作为结尾。）

实施方法

当天，按照以下流程展开活动。

（1）参与者围成一个圆圈坐好，领读者将写上文中段落的纸张发给每个人。

随后，请大家看自己手上的文章段落，找出其中描绘了什么场景，叙述了哪个角色以及发生的时间。

给予大家安静阅读的时间。孩子们反复阅读后，找出线索，由此判断纸上所述是书中哪个场景。有必要的话，请孩子们各自在纸张后面写下结论。

（2）领读者指定第一位孩子，告诉他从纸上的段落中，选一段来阅读，并说出其中描绘了什么样的场景。

第二位孩子同样如此。

（3）不管答对或答错，领读者都先不要透露答案，当所有的人都回答后，再针对每段文章进行说明，清楚地揭示其中描述的角色。

（4）领读者无需清楚地说出谁答对、谁答错，并在此状况下结束活动。让每个参与者进行自我评价，以此激发他们在下次阅读时，更加自觉地留意具有某种暗示意味的文字，这非常重要。

所需时间

如果是平时经常阅读的孩子，大约需要四十五分钟。但如果是不常接受阅读训练的孩子，可能需要一个小时以上。

孩子感兴趣的程度、投入程度与困难程度

此阅读作战方法必须凭借解谜或寻找物品那样独特的技巧，因此会让孩子们跃跃欲试。如果文章段落选得很好,既不会造成混淆,还会使孩子们的兴趣更浓厚。

由于很少接受阅读训练的孩子,仅停留于表面化的阅读方式上,可能会感到困难。

组织阅读作战后的分析与思考

首先,请思考活动进行的节奏是否流畅。另外,领读者需要思考,自己是否完全确定那些作为答案线索的文章段落都言之有物。再者,反思一下,现场的气氛是否活泼,孩子是否兴致勃勃地投入活动。

18. 总结书籍大概：这是内容梗概

解题

　　除了以上的标题外，还有几个候补的名称适合此阅读作战方法。"总结书籍大概：我手上有内容梗概""总结书籍大概：发现内容梗概"等，虽然是落选的标题，但我认为它们也非常不错。如果领读者能想到更好的标题，想替换已有的，或从落选的标题中选择一个使用，也未尝不可。

参与者

　　此阅读作战方法适合年龄较大的孩子，尤其是高中生。
　　为了取得较好的效果，参加人数最多三十人。

目标

　　* 理解阅读这件事。

* 享受书中的内容。
* 能够区别某部作品内容梗概与内容说明的差别。

领读者

领读者必须具有丰富的知识,拥有文学素养,能够说明什么是内容梗概,并能准备好即将用于此阅读作战方法中的内容梗概。

必要的材料和方法

准备足够册数的所选书籍。接着,制作三种不同的摘要,并将其分别写在标着A、B、C的纸上,然后分别打印出与活动人数相符的份数。

由于活动的需要,一种摘要必须是完美的,也就是货真价实的内容梗概;另外两份则仅仅是内容说明,且要刻意遗漏书中某个场景的重要部分。

实施方法

活动根据以下步骤进行。

(1)将A、B、C三种摘要同时发给每个参与者,请他们各自阅读,思考哪一份是真正的内容梗概。

领读者留出几分钟让大家默读。

(2)领读者询问每个孩子的想法,让他们选出自己认为正确的内容梗概,并说出这样选择的理由。

待所有人都发言结束后,领读者说出正确答案。

(3)A、B、C的文字要以内容梗概为标准,如果有不足,分析其欠缺之处。如果有人认为作为正确答案的内容梗概也有不完备的地方，则可以提出自己的想法。

所需时间

一般而言，三十分钟左右就已足够。假如孩子一直找不到答案，可延长时间。总之，请领读者以能够完全发挥此阅读游戏的丰富度为标准，判断并掌握活动时长。

孩子感兴趣的程度、投入程度与困难程度

活动中通常都能发现，参与者对能发现最佳内容梗概感兴趣。

如果参与者弄不清楚书籍的内容梗概到底指什么，或者与其他阅读作战方法一样，缺乏阅读习惯，那么此活动的开展便会出现困难。

组织阅读作战后的分析与思考

即便是在全书的阅读作战方法中，此方法仍是最具有文学性的阅读方法，因此领读者一定得分析以下几点：自己是否有能力向孩子说明某部作品的内容梗概究竟是什么，孩子能否进行深度阅读，能否捕捉住书籍的主要内容；在让此活动保持游戏般的轻快节奏的同时，自己能否展现出此阅读作战方法所具备的文学性倾向。

19. 理解写作手法：海盗掠夺文

解题

　　此阅读作战方法要找出摘录的文字段落中，被刻意穿插进去、与该段描述无关的句子。有时即使只插入一句话，角色的行动和心理，以及段落的含义都会完全改变，就如同被海盗掠夺过似的，因此以"理解写作手法：海盗掠夺文"作为标题。

参与者

　　十五到二十人之间是理想人数，不过即使多达三十人，也能兴致盎然地进行活动。超过此人数，就难以达到预期的效果。

　　以十二到十六岁之间的孩子为活动对象。

目标

　　* 理解书中角色对某件事或某种状况的态度。

* 增强记忆力。
* 关注作者书写、表达出来的内容。
* 深入挖掘角色的心理状态并加以理解。
* 评价故事在呈现上是否连贯,是否具备整体性。

领读者

领读者必须能够从书中选出一些核心段落,进行修改与增补,将几个简单的句子插入其中,让角色的心理和行动因此而改变。这一准备工作也可以由团队来完成。

必要的材料和方法

与其他阅读作战方法相同,需准备足够册数的书籍,供所有参与者人手一册,并让他们在活动前十五天内提前阅读。

此外,需准备纸张,用来书写修改后的段落。按照下列步骤制作完成后,复印出足以发给每个人的份数。

首先,领读者从所选书籍中彼此不相连的各处,摘选五到六个具有丰富表现力的段落。接着,插入"海盗掠夺文",也就是能够改变角色想法和改变角色形象的词语或句子。然后,将这五六个段落尽可能地书写在同一张纸上。

实施方法

将提前阅读过书籍的参与者集合起来,按照以下步骤展开活动。

(1)邀请孩子们进行讨论,聊一聊在阅读时能够吸引自己注意力的那些场景。

（2）十到十五分钟后结束讨论，将书写着各段落的纸张发给他们。

（3）让孩子各自安静地默阅，并找出自己所认为的"海盗掠夺文"，也就是画线标出插入了词语或句子，改变了原意的地方。

（4）大约五分钟过后，领读者让孩子依次读出第一段的"海盗掠夺文"。此时，领读者先不要说正确答案。接下来，进行第二段、第三段的内容……让所有参与者都发表看法。

（5）所有段落分析完毕，领读者公布答案。

所需时间

假如参加人数不太多，且领读者所插入的"海盗掠夺文"很快就被孩子找出，则不必花费太多时间。只要四十分钟左右，就能让孩子开开心心地得到有益的启发。

孩子感兴趣的程度、投入程度与困难程度

在领读者能巧妙更改段落的前提下，如果参与者能专注且深入地阅读书籍、充分理解内容、清楚记得书上的内容，那么，他们将对活动很感兴趣。

而参与者平时的阅读频率，以及此阅读作战方法的推行方式，都可能是活动中出现问题的影响因素。

组织阅读作战后的分析与思考

领读者需要分析自己是否选择了合适的段落，活动过程中哪部分很棒，而哪部分遇到了阻碍。

20. 理解角色：谁是"法劳第"

解题

　　这个阅读作战方法的由来，是西班牙中世纪一种被称为"法劳第"[1]的传令员。近年来，西班牙语中的这个称呼开始带有社会性的意义，指尽管对方不具备主要人物的才能，却努力想攀升到重要的位置。在此阅读作战方法中的"法劳第"，则指虽然此人不是主角，却担任着介绍主角和故事梗概的重任。其目的就是让孩子明白，这样的工作也非常重要。

　　因为这一阅读作战方法是要找出相当于"法劳第"的角色，所以"理解角色：谁是'法劳第'"这个标题十分贴切。

---

[1] 在中世纪的西班牙，有一种专门负责传达命令通告的官员，他们会告诉大家即将举办某两人决斗或骑士马匹上的比武，这样的行为就叫"法劳第"。后来，这一用词推演至西班牙的古典戏剧中，意指负责朗诵戏剧开场白的人。

参与者

以十一岁以上的孩子为活动对象最为理想。如果能选出很容易就可以从文中找出"法劳第"的书籍，将获得良好的效果。人数控制在二十五人以内。一般而言，本书中的阅读作战方法最少要有十人，但是此阅读作战方法，即使只有五六人也可以进行。

目标

* 锻炼专注阅读的能力。
* 学习分辨各种角色所具有的价值。
* 注意到书籍开篇的重要性。

领读者

这是以故事形式上的价值作为根据的阅读作战方法，所以领读者必须具备丰富的文学知识。

必要的材料和方法

最佳的状况是所选的书籍人手一册，供参与者在参与活动时放在身边，随时参考。如果无法做到，则准备足够的册数，供所有参与者在活动前轮流阅读。

另外需准备符合人数的纸张数量，用来书写以下三个问题。问题后面必须留有用来书写答案的空白处。三个问题如下：

a. 谁是"法劳第"？

b. "法劳第"出现了几次？

c."法劳第"在哪个场景中发挥了最重要的作用?

实施方法

（1）领读者说明在这个阅读作战方法中,"法劳第"指的是哪种人。

（2）发给每人一张写了问题的纸,并给予参与者写下答案的时间。在此阶段,孩子即使翻开书本来看也没关系。

（3）时间到后,领读者依次提问孩子,谁是"法劳第"。答案可能会林林总总。此时,不同的意见会渐渐整合,使谁是真正的"法劳第"的范围逐渐缩小。

（4）大家一起看看"法劳第"在作品中出现了几次?

（5）针对第三个问题——"法劳第"在哪个场景中发挥了最重要的作用,请孩子分别朗读自己的答案,或说明那是什么样的场景。

所需时间

根据孩子的反应速度而定,需要半个小时以上。

孩子感兴趣的程度、投入程度与困难程度

领读者如果能营造出侦探游戏般的气氛,激发孩子的好奇心和探索的欲望,那么他们的投入度将会大大提高。如果多数孩子不具备阅读习惯,或是整个活动像考试一样严肃沉闷,则无法顺利进行,因为这个活动完全没有道理变成考试。

组织阅读作战后的分析与思考

由于这一阅读作战方法推展开来并不容易,因此领读者必须认真地分析实践后的结果,例如:所选书籍是否合适?因为有些书很难找出"法劳第",所以当活动难以开展时,也可能是选书出了问题。对于那些内容过于复杂、难以理解的书,最好不要选择。

第三章

激发主体的自主性力量

21. 挖掘不同视角：改变角度

22. 角色之间的关系：有人说他

23. 删减句子：想象的剪刀

24. 深度阅读：谁、做了什么、怎么做的

25. 大型阅读游戏：团队游戏

26. 注意倾听：在这里呀

27. 理解故事：这是你的

28. 阅读图画：从书里逃出来的角色

21. 挖掘不同视角：改变角度

解题

　　此阅读作战方法的目的是，发现一本书中存在多个不同的视角，将各个层面切入的意见，与自己的意见互相对照，并且更深入地向下挖掘这些视角。由于是揭示出一本书所呈现的各种角度，因此定了这样的标题。"角度"是指照相时所取的摄影角度。

　　此阅读作战方法以讨论会的形式进行，但必须避免攻击性的论战。领读者需引导参与者在不陷入争吵的状态下有所发现。

参与者

　　此阅读作战方法在参与者之外，允许大量的旁听者加入，可以说不管有多少人，大家都可以乐在其中。即便人数众多也不至于让领读者有负担，还能给所有人都加分。若旁听者人数众多，讨论就会变得白热化，大家便能共享丰硕的成果。如果场地够大，即使多达一百人也没问题。

由于此阅读作战方法要求大家深入思考,因此对象必须限制在十二岁以上,并且他们能够表达自己的意见,或有能力学习陈述意见。

目标

* 明白书籍的中心主旨。
* 分析书中所呈现的各种观点(改变角度)。
* 找到同一作品中彼此相悖的价值观。
* 发现书中主题如何投射日常生活与社会状态。

领读者

此阅读作战方法的领读者需要有多位。一位负责活动进行的主持人,数位发言人(每位负责一个自己选取的视角),一位提问人。这些负责人由谁来担任,有以下两种根据:

a. 全部由大人来担任。

b. 发言人和提问人由孩子来担任,主持人由成人来担任。

不管采用哪种方式,皆可获得良好的效果。决定采用哪种方式的判断标准,在于选择了什么样的书,以及参与者当中是否有孩子能够针对已分配好的各个视角,提出自己的意见,并加以批判。

必要的材料和方法

首先是场地,如果有能够容纳所有参与者的空间或讲堂,是最佳的状况。但也可以选择在户外进行。总而言之,符合以下条件的场所是必要的:令人感到舒适,利于声音传播,表达意见时不需站起来。

如果不能达到这些要求，参与者将难以拥有最低标准的专注力，活动也就不能获得良好的成果。

有意识地在已经形成话题的书中选出适合深入分析的内容时，如果拥有这本书或读过这本书的孩子众多，主办单位便没有准备这本书的必要了。

相反，如果所选的书并不被参与者熟知，主办单位就必须准备足够的册数，供大多数参与者阅读。

此外，如果从校外邀请成年人来担任领读者，协助参与讨论，除了必须提供书籍供其阅读外，也最好准备谢礼和车费。

实施方法

即使认为自己很熟悉讨论的方式，也请参照以下的注意事项进行。

（1）至少要有一半旁听者阅读过所选书籍。

（2）担任主持人的领读者坐在中央的凳子上，也就是类似演讲台的位置，发言人坐在两侧，提问人则坐在稍微远离中央的地方。

首先，主持人介绍书籍的内容梗概，聊一聊这本书的特色，作者的生平、写作风格以及所著的其他作品。接着介绍发言人，并告诉大家他们将分别从什么视角陈述意见。

然后，各个发言人用不超过五分钟的时间，从自己所持的视角发表意见。所有发言人都陈述完意见后，由提问人一对一地对发言人提问。以此为开端，开始接受旁听者的发问。当然，主持人得掌控局面，让旁听者按照一定的顺序进行发问。

（3）此为发言人回答问题的阶段。如果讨论的主题，也就是从各个角度综合而来的意见，已阐述清楚，却仍有剩余时间，主持人可统整各项发言，然后宣布活动结束。

所需时间

根据孩子提出问题多少而定，大约需要一个小时，但最好控制在一个半小时内。

孩子感兴趣的程度、投入程度与困难程度

不管是讨论，还是深入到此阅读作战方法，是否能引起大家浓厚的兴趣，都取决于书籍的选择是否恰当。例如：选择绝大多数孩子都很熟悉的书籍，或能够让孩子产生关于信息价值、道德价值、文学价值等相关疑问的书籍，会使活动变得非常有趣。

如果参加的孩子阅读书籍时仅停留在表面，难以融入讨论中，活动进行起来就会很困难。另外，若发言人的意见和孩子的意见相差很大，发言人想要说的很多，却无法清楚地表达自己论述的主旨，也会阻碍活动顺利进行。

组织阅读作战后的分析与思考

记录下哪一部分的状况很好，并分析其原因。例如：所选书籍是否合适？孩子是否得到了发表自己意见的训练？所选取的视角与该年龄段的孩子所关心的范畴是否一致？

22. 角色之间的关系：有人说他

解题

　　此阅读作战方法的目的，在于通过文中对某个角色的修饰词语，以及文中一个角色对其他角色的评价，来了解配角是什么样的人。也就是说它的目标并不是让阅读的孩子表达对"角色是什么样的人"的看法，而是让孩子发现，书中其他角色是怎么评价这个人的。由于以谁说了什么事为线索，所以确定了"角色之间的关系：有人说他"的标题。

参与者

　　根据所选书籍的复杂程度而定，以初中生到高中生为活动对象。
　　以二十人以内为最理想的人数，实际推行中，则根据实际状况来决定。领读者在充分了解此阅读作战方法和自我能力的基础上，判断出多少人是可行的。

目标

　　* 通过配角发现人们所持有的态度。

　　* 认识到任何人在社会中都扮演着某种角色，发挥着某种作用。

　　* 培养探究心。

领读者

　　领读者必须擅长制作有助于开展此阅读作战方法的卡片，且必须有高度的忍耐力，能够等待孩子凭借自身能力找到答案。其中，非常了解青少年文学的领读者，是最佳人选。

必要的材料和方法

　　参与者事前必须阅读过所选书籍，并在活动进行时手边有书可供参考，因而尽可能准备足够人手一本的册数。

　　此外，需准备和扑克牌一样大小的卡片，分别在上面写上书中的数个段落。卡片的数量要符合参与者的人数。领读者从书中选出其他角色对某个角色的描述，或作者的相关描写，并按照原文誊写在卡片上。

实施方法

　　领读者集合所有参与者，并和他们围成圆圈坐好。

　　（1）将卡片有内容的一面朝下，递给孩子，请他们一人选取一张。在所有人都选好之前，任何人都不可以看其中的内容。

　　（2）给孩子五到八分钟的时间默读，并让他们一边回忆书中的内容，一边思考以下几点：

卡片上写的人是谁？这个人和书中其他角色有什么关系？这段文字是否贴切地描述出了这个人的特质？

（3）时间到了。在孩子都参考过手边的书，查过各个角色的相关描述之后，领读者请他们分别朗读卡片上的内容，并说出答案。

（4）一位孩子发完言后，如果领读者认为再聆听一下其他孩子的意见效果会更好，而且时间也允许的话，便可以这么做。

（5）所有人都读完卡片上的内容，说出自己卡片上的人物后，领读者宣布活动结束。

所需时间

如果人数不多，大约需要四十五分钟。如果人数较多，便需要花费更多的时间。

孩子感兴趣的程度、投入程度与困难程度

如果能激发孩子不断发现的兴趣，并引导其走向正确的方向，整个活动一定会非常有趣。此外，领读者是否能清楚明快地进行活动，并在与孩子接触的过程中具备足够的忍耐力，这一点也极为重要。

如果孩子只停留在浅层阅读上，便不容易找到答案。因为缺乏阅读经验，他们便无法找出各个角色之间的关联，以致活动难以顺利进行。

组织阅读作战后的分析与思考

活动结束后，领读者可按照以下几点来分析：所选书籍是否恰当？是否符合参与者的阅读理解程度？与孩子的阅读水平是否有落差？

此外，关于自己在活动中的表现，领读者也需要认真反思。

23. 删减句子：想象的剪刀

解题

　　此阅读作战方法的目的是，引导孩子自己发现文字的重要性，明白文字的内涵，或从整个文章脉络出发理解其中的文字。在活动中，孩子要把自己分配到的段落的部分文字删去，但要保证不更改作者的创作意图，不影响整个段落的大意。

　　由于是剪裁掉某些部分的阅读作战方法，因此定了"删减句子：想象的剪刀"这个标题。

参与者

　　以初二、初三学生为活动对象。如果活动对象是高中生，他们便有更稳固的基础来挑战此阅读作战方法。

　　若人数太多，活动将无法顺利开展。因为每个人都得将阅读到的段落加以修改，这会很耗时。十五到二十人最为合适。

目标

 * 充分理解作者创作的文字。
 * 能够评价文章艺术性表现的高度。
 * 能够明白表现思想的方式很重要。

领读者

领读者必须具备充分的文学素养，具有很强的文字驾驭能力，并且有耐心等待孩子思考出答案。

必要的材料和方法

足够的供参与者提前阅读的书籍，人手一册最为理想。同时准备符合参与者人数的纸张，用来写下从书中各处摘取的段落，段落后面要留下足够的空白，供孩子写下自己修改后的文字。

同时，准备符合人数的圆珠笔或铅笔。当然，最好事先通知参与者，请他们自行带来。

实施方法

领读者将孩子集合后，对他们说明以下注意事项：

"当作者创作好的书籍字数太多时，出版社总编一般会请作者进行删减。这样一来，作者就必须按照要求，自行删除其中的某些部分。现在，在座的各位就是被总编要求做这件事的作家，请在不影响原意的前提下，删掉自己分配到的内容中的某些词语或句子。"

（1）孩子坐好之后，发给每人一张写了书中段落的纸张。给他们十五分钟的时间进行阅读并删减内容。这期间场内必须保持安静。

（2）时间到。领读者请孩子依次朗读原本的段落，以及修改后的段落。

（3）每当有人朗读结束后，领读者便询问聆听的孩子，请他们思考删减后的段落与原本的段落说的是否是同一件事，是否具有相同的含义。随后请他们悄悄打分，分数是一到五分。这期间仍要保持安静，让孩子们将自己思考的结果和所打的分数写在纸上。

（4）所有的参与者都用这种方式朗读过纸张上的内容后，领读者分别询问孩子，谁获得的分数最高，分数是多少。

统计分数，公布谁最擅长使用"想象的剪刀"。

（5）请获胜的孩子（可能会有好几位参与者获得相同分数）说明这样删减的原因。

所需时间

保证在不赶的前提下，花费必要的时间。根据孩子速度的快慢，时间将短至五十分钟，或长达一个半小时。

孩子感兴趣的程度、投入程度与困难程度

要让孩子持续产生兴趣，就必须慎重地选书。在这个阅读作战方法中，选择语言不那么精练的作品，效果反而比较好。选书时必须考虑到孩子的文学阅读水平。

若孩子认识的词汇过少、不了解文章类型、没有阅读的习惯，或是没学习过什么是好文章，活动便难以进行。

组织阅读作战后的分析与思考

反思自己有没有要求孩子努力达成不可能达成的目标,是否给予了孩子充分的时间,自己是否为活动做了充分的准备。

24. 深度阅读：谁、做了什么、怎么做的

解题

由于一本书包含许多层面，因此，不管是哪一类，读者都会对其深感兴趣。

这部作品写了什么？内容是什么？想传达的信息是什么？

是谁通过文字发声？作者是怎样的人？作品属于什么样的文学范畴？除此之外，作者还写了其他哪些作品？

那些作品是如何被创作而成的，属于哪种文类？语言特色是什么？描写是否深刻？故事的结构是否巧妙？等等。

由于此阅读作战方法正是从小说或故事所拥有的这些元素切入，因此标题定为"深度阅读：谁、做了什么、怎么做的"。

参与者

只有五六个人参加，活动也可以开展，不过十到二十人参加，会

更能带动气氛。

以初一以上的学生为对象。假如是具有良好阅读习惯的小学五、六年级学生，也可以作为此阅读作战方法的对象。

目标

*深度阅读，深入理解作品内涵。

*学习根据美学、文学、艺术和思想方面的特征来评价一本书。

*通过作者创作的作品，推断出时代和场所。

领读者

领读者必须具备青少年文学的知识，并有能力根据此阅读作战方法的目标，教授孩子文本解析的方法。领读者还必须用心地深入阅读所选的书籍。

必要的材料和方法

首先，准备足够的书籍，以供所有参加的孩子阅读。

此外，由于这个阅读作战方法一定得遵循明确的方向，所以，领读者对能有效达成目标的基本要点，必须反复练习。

如果需要专家指导，需准备供其阅读的书籍、邮资以及谢礼。

实施方法

在活动进行前，留出充裕的时间，告诉参与者书名，以及介绍足以令他们事先了解作者写作风格的相关信息。

即便时间再早，参与者也只能在活动开始前十五天内阅读领读者所选的书籍。此时，领读者需给予指示，让参与者知道阅读时应注意哪些事项。

活动当天，领读者将孩子集合好后，根据以下步骤展开活动：

（1）领读者以摘要的方式说明书籍内容梗概。

（2）简短说明这本书的内容属于哪种文学形式、作者的国籍、从哪国语言翻译而来、使用哪种文体，等等。

（3）领读者举出作品中具体的点，向孩子提问，引导他们进行讨论。领读者必须事先反复阅读该书，准备好与内容及形式相关的问题。

其中需要特别做到的是，活动应着重于对内容的分析与解释上（在欧美的教育中，内容的分析与解释是文学课程的基础）。由于此阅读作战方法是要深入挖掘并思考此作品是"由谁而写、写作方法、所写何事"，所以不能停留在课堂上的文学性分析上。

（4）孩子获得和领读者一样的提问时间，由领读者回答。如果领读者不知道答案，就坦白承认。

（5）根据以下价值基础来评价这本书：正直、友情、忠实、对他人的敬意、团结、热爱工作、乐观……如果书中还具有其他价值，同样加以评价。

所需时间

如果所做的准备很扎实，一个小时便可完成。不过，如果孩子表现出极高的兴趣，也可以延长时间。

孩子感兴趣的程度、投入程度与困难程度

在进行活动时，领读者不要表露自己的意图，不要让参与者受制

于既有的设定而绑手绑脚，不要意图诱导他们得到什么教训。相反，如果参与者能够自由活泼地发言、讨论，马上就会被激发出极高的兴趣。

是否接受此书，要由孩子通过讨论，发现书中所提出的价值为基础来进行判断，领读者不可诱导。

书中散发出的教育性价值，有助于孩子人格的形成，但如果不能对书籍的内容客观地加以判断，便无法发现该价值。这是此阅读作战方法困难的地方。

组织阅读作战后的分析与思考

请深入分析领读者是否巧妙地进行了该活动，即能否不过度塞给孩子太多东西，导致他们感到厌烦？反之，是否只是轻轻带过，仅停留在内容表面就结束了？

不管哪种阅读作战方法，如果正确地以深入挖掘的方式来进行，都是有益的。不过，在所有的方法中，此阅读作战方法都特别要求挖掘出内容最深层次的内涵，并扎扎实实地解析每个部分。如果仅在表面游走，读者就难以深入。请领读者认真审视自己对于这点掌握得如何。

25. 大型阅读游戏：团队游戏

解题

读书会的阅读作战活动，有时必须激发出孩子的能量，以及团队合作的活力。此活动如果能顺利进行，将会强力叩响孩子的心门，令他们萌发出阅读的渴望。

这个阅读作战方法正是以此为目标，针对由一大群人组成的一个个队伍来进行活动，所以将标题定为"大型阅读游戏：团队游戏"。

参与者

如果能确保良好的秩序、场内保持安静，不管多少人参加都没问题。配合所选书籍，参与者的年龄最好相差不多。为了尽可能符合所有孩子的阅读理解能力水平，请谨慎选择书籍。

目标

　　* 证明阅读并非只为特定的一部分人存在。
　　* 发现书中微妙的组成部分。
　　* 能够和伙伴们一起思考。
　　* 自然而然地养成自制力。

领读者

　　此活动必须由领读者组成负责团队，一起安排推动。不管是多么有能力、有组织力的人，都无法单独进行活动。领读者要事先做好准备，审视该如何调整，并委托相应的人来加以协助。

　　此阅读游戏需要一到两位裁判，负责判断孩子所提出的题目是否恰当，答案是否正确。裁判要非常熟悉书籍内容，包括书中的各个细节。

　　另外，四至五个团队搭配一位协调者，使孩子能够顺畅发言。假如有从不同学校或地区——城市、乡镇、村落——前来的参与者，也可以事先联络各团体的领队，请对方担任协调者的角色。

必要的材料和方法

　　首先准备好供所有参与者事先阅读的书籍，数量最好符合参与者的人数，如果无法达到这一条件，也至少保证这些人不需等太久就能轮流读到。

　　此外，为每一队准备一块标语（广告）立牌，高三十五厘米、宽五十厘米，并附带一根长约一米的棍子。每一队的孩子在牌子上写下队名，当他们当中有人知道问题的答案时，就高举牌子，表示他们希望被指定回答。

裁判则需要用以测量、控制各队回答时间的秒表，还需要用来通知他们时间到了的铃、哨子、钟等。

如果活动在很广阔的空间内举行，最好使用麦克风。

实施方法

此阅读作战方法分为两个阶段。

（一）召集活动的各个负责人进行活动前的准备。

在此阶段，领读者向各个负责人，包括家长、老师、图书馆员等，说明此阅读游戏的展开步骤。

（1）孩子们在事先组成的五人队伍中，选出一位发言人。由孩子自己决定队名，在活动前几天告诉领读者，领读者将队名写在立牌上。

（2）在时间充裕的状况下，领读者告知孩子书名，并告知他们活动当天各队要依序出题，所以必须提前阅读，并与队员一起讨论、想出大量问题。由于这些问题可能会与其他队伍的问题重复，因此各队必须出十五至二十道题。问题一定得与书籍内容相关，答案也得出自书中。

（3）可以从前来开会的领读者当中选出协调者，负责协调孩子的意见。每四至五个队伍需要一位协调者。

协调者所具备的条件如下：

a. 自己本身沉着稳重，也能让孩子变得沉着稳重。

b. 自始至终都能亲切地与孩子互动。

c. 如果没有充分的理由，不会因领读者以外的大人，如老师、家长、参观者等人所说的话，而受到干扰。活动时只遵照领读者的话语行动，以防活动被打断。

（4）确认活动的时间和场所。

（5）说明活动的时间将如何分配。

（6）身为活动总负责人的领读者可视状况更改活动的某一部分。

（二）聚集所有参与者。

当天，协调者领着组成团队的孩子携带准备好的立牌和出好的问题，前往预定的场所。

领读者和负责告知答案是否正确的裁判，要待在最显眼的位置。

协调意见的协调者待在所负责队伍的旁边。如果准备了麦克风，协调者要将麦克风拿到准备发言的孩子面前。

做好以上的准备后，便可开始活动了。

（1）领读者简要说明书籍的相关信息，包括和作者有关的信息、书籍的主题、哪些地方表现了美感等，并且说明活动的进行方式。

（2）领读者先准备好根据字母顺序排列的团队名称表，告诉他们，队名以 a 开头的队伍由队伍的发言人朗读问题。

（3）知道答案的队伍举牌，如果有好几队举牌，领读者指定回答的队伍。最快举牌的队伍优先回答，如果答案错误便改由其他队伍回答。

裁判仔细聆听问题，当队员开始回答问题时，便开始测定时间，看该队能否在限定的三十秒内答出来，并告知领读者该答案是否正确。

（4）按照字母顺序在领读者的指示下出题。所有队伍都出题结束后，可再重新轮一次。如果孩子想继续玩，并且时间也允许，可再多玩一次。

（5）领读者在合适的时机，宣布活动结束。接着，向大家介绍同样有趣的其他几本书籍，作为结束语。

所需时间

除了游戏气氛热烈需要延长时间的情况，在一个小时到一个半小时之间结束活动最合适。

孩子感兴趣的程度、投入程度与困难程度

此阅读作战方法能否成功，取决于参与者提出了什么问题、如何回答，以及领读者如何巧妙地展开活动。领读者要特别致力于使现场充满活力，不出现冷场状况。

假如参与者不守秩序，同时抢着回答；不了解书中的内容，无法说出正确的答案；很少接受阅读训练，这些都将阻碍活动顺利进行。

组织阅读作战后的分析与思考

活动后，领读者与裁判一起分析以下几点：孩子的反应是否符合预期？领读者与裁判能否带领这一大群参与者顺利地开展活动？有突发状况时，大家能否保持镇静而不慌乱？

如以上所述，将下次活动应该修正的各个要点，事先整理好。

26. 注意倾听：在这里呀

解题

　　此阅读作战方法的目标，是让不会自己阅读的孩子，能够理解、注意到所听的故事。在活动中，当角色出场时，如果孩子手里的纸偶[1]正好是该角色，就要喊："在这里呀！"因此，标题定为"注意倾听：在这里呀"。

参与者

　　以能理解所聆听的故事、辨别角色和物品的幼儿，以及小学一、二年级的学生为活动对象。人数以十五到二十人之间最为合适，但仍有增加的空间。

---

[1] 偶是游戏性教育所使用的道具，例如在偶戏中所使用的木偶或纸偶。

目标

　　* 理解听到的故事。
　　* 辨识故事中的角色和物品。
　　* 能表达出所理解的事物。

领读者

　　领读者需习惯和幼小的孩子接触，具有丰富的引领经验。特别需要注意的是，引领者必须拥有十足的耐心，能够在说明活动内容后静静等待孩子将指示转化为行动。

必要的材料和方法

　　首先准备好书籍，其中有活动中用到的故事。接着，将故事中出现的角色和物品，做成具体形状的纸偶、纸道具。准备总数符合参与者人数的各个纸偶、纸道具，让每个孩子拿到的都不相同。制作方法是先在厚纸上描绘出角色和物品，裁切下来之后，粘贴在纸杯或塑料杯上，让孩子可以将手伸入杯子里举着纸偶。也可以粘贴在用来吃冰淇淋的扁平状木棒上，或木制压舌板上。以上任何一种方式都可做成非常便于操作的道具。

　　如果画图、裁切很费力，也可以直接在长二十厘米、宽十五厘米的厚纸上进行绘图。

实施方法

　　为了使孩子都能听清故事的内容，领读者要位于他们所围成的圆圈中央，按照以下步骤展开活动。

（1）领读者慢慢将所选故事的梗概说给孩子听。速度要缓慢，表达要清晰，好让幼小的孩子充分理解。

（2）说完后，请孩子回答他们是否喜欢这个故事，最喜欢哪个角色，认为哪个角色最有趣。同时，领读者简单提及故事中出现的各种物品。讨论结束后，告诉他们桌上的纸偶、纸道具是故事中出现的，所有人依序排队，拿走一个自己喜欢的。

（3）大家都拿了以后，领读者提问，问大家手中拿的是哪个纸偶，或手中的纸上画着什么。

（4）所有人都将纸偶或纸道具拿在手上。领读者告诉大家，接下来要开始朗读刚刚介绍过的故事，要是出现和自己手上一样的人物或物品，便大声喊："在这里呀！"然后，领读者以孩子能跟得上的速度，慢慢朗读故事。

（5）朗读结束后，称赞孩子们做得很好并且谢谢他们，同时告诉他们，下次再来听其他有趣的故事，玩其他有趣的游戏。

所需时间

依故事的长短而定，需要四十到五十分钟。孩子能不能迅速地完成任务，将会影响时长。

孩子感兴趣的程度、投入程度与困难程度

如果能顺利精准地制作出纸偶、纸道具，不至于让孩子疑惑"这是哪个人物或物品"，也不至于变成玩"猜猜看游戏"，便不会出现问题。反之，如果绘图跟故事中的角色或物品差异很大，就会阻碍活动顺利进行。如果孩子能在喊"在这里呀"时完成了自己的任务，

活动将会变得很有趣。

组织阅读作战后的分析与思考

领读者独自一人时,分析自己是否好好地实践了各项任务,以及出现这种结果的原因是什么。特别需要分析的是:选择的书籍合适吗?绘图是不是难以辨识?活动的气氛是不是热烈?孩子跟得上这个阅读游戏吗?孩子能否充分集中精神?

27. 理解故事：这是你的

解题

　　这个阅读作战方法一开始就需朗读故事给孩子听，并让他们表达出所理解的东西。此外，孩子要以耳朵所听到的内容为根据，把角色与其身上的物品，也就是把角色和摆放在他们面前的物品联系在一起，所以，此阅读作战方法的标题便定为"理解故事：这是你的"。

参与者

　　活动对象为还不具备自主阅读能力，或还无法顺畅阅读的幼儿园学生和小学一、二年级学生。

　　二十五人以内为最好。如果多于这个数量，将难以取得良好的效果。此阅读游戏的顾虑是，即使人数不多，也可能因为孩子太过吵闹而使场面十分嘈杂。

目标

＊培养注意力。

＊提升孩子理解故事的能力。

＊强化孩子的表现力。

领读者

领读者必须性格沉稳，具有超强的耐性。当他给孩子解析角色，以及将角色与其服装和物品互相联结起来时，领读者必须专注地聆听他们的表述。

必要的材料和方法

首先准备一册用来朗读的书籍。

接着准备五六位角色的服装及物品。为使每个人都有一样东西递交给角色扮演者，所以数量需符合参与者人数。选择最适合该角色的服装和用品，例如帽子、购物篮、球、上衣、围裙等在故事中最能彰显各角色特性的东西。

要找齐这些道具并不容易，可在塞在家中某角落的物品中寻找。

实施方法

孩子在领读者身边围成半圆后，依照以下步骤展开活动。

（1）领读者根据孩子的理解能力，以符合故事内容的速度，不疾不徐、清清楚楚地朗读故事给孩子听。

（2）朗读结束后，针对该故事与孩子展开讨论。喜不喜欢这个故事呢？哪个角色比较有趣？作者对哪个角色的描绘最仔细？哪个角色最不引人注意？让孩子对所有的角色都抱有好感，引发他们对任一角色产生喜爱感。这是因为，肯定每位角色的价值是非常重要的。

（3）充分了解角色后，领读者根据原先准备好的服装和用品等道具，选出五六位孩子扮演这些道具的主人。

在实践这个步骤时，孩子们的排列方式要有所改变。扮演书中角色的孩子位于领读者右侧，其他人则往领读者的左侧移动。

（4）两队的正中央，放着装有服装、物品的大篮子、小型旅行箱或大型旅行箱。

（5）领读者指定一个左侧队伍的孩子，让其拿起放在篮子最上面的一件东西（不可自行选择自己喜欢的），一边说"这是你的"，一边递给扮演该角色的孩子。

有时也会发生递错的情形，这时拿到这件东西的孩子，不要说出是他的或不是他的，而是默默穿到身上或拿在手上即可。

依照这样的方式，左侧队伍的孩子按顺序，将一件件东西递给不同角色的扮演者。

（6）篮子或行李箱里的东西都拿完后，领读者询问扮演角色的孩子，让他说出拿到的东西是自己的，还是别人的。如果东西不是他的，请这个孩子将该物品交给真正的主人，并解释原因。

活动在进行的过程中要让孩子感到有趣。在活动结束时，领读者告诉孩子下一次会听到更有趣的故事，玩更有趣的游戏。

所需时间

一个小时之内应当可以完成。但参加孩子的数量、所选故事的长短，以及孩子拿物品递给角色扮演者的速度，都会影响活动所需的时间。

孩子感兴趣的程度、投入程度与困难程度

如果故事优美、角色的描绘完整，且物品一目了然，孩子马上就能知道它属于谁，便能激发出孩子的兴趣。

假如孩子无法充分理解听到的故事、故事杂乱且没有主题，或孩子不知道要做什么才好，活动便无法顺利推展。

组织阅读作战后的分析与思考

领读者一定要分析出活动实践的状况好坏，原因是什么。如果进行得不顺畅，下一次的活动在哪些方面需加以改进。如果进行得很顺利，便可作为下次同一阅读作战方法的模板。

在一般情况下，如果能让孩子开开心心地进行游戏，便可获得良好的效果。不过，如果孩子过于吵闹，即使领读者想正确地加以引导，也恐怕会难以实现。

28. 阅读图画：从书里逃出来的角色

解题

该活动的目标是引导孩子亲近书籍，一般就是协助他们发现书中的图画，留意那些通过图画表达出来的东西。在这个阅读作战方法中，孩子会在聆听故事后，一边看插图卡片回想内容，一边玩关于角色和场景的游戏，因此定下该标题。

参与者

活动对象为幼儿园学生或小学一、二年级学生，也可以是尚不识字的孩子。

为了不使时间拖得过久，人数控制在二十到二十五人之间。

目标

* 通过视觉强化记忆力。

* 通过图画清楚地辨识各种场景和不同的角色。
* 鼓励孩子享受阅读故事的乐趣。

领读者

领读者必须耐心十足、活力充沛、温暖亲切,且能够从书中找出最适合此阅读作战方法的插图。

必要的材料和方法

在领读者朗读时,孩子要人手一书,认真观察上面的图像,因此如果能准备符合参与者数量的书籍,是最好的。如果无法准备那么多,也可以二至三人一本。

还需准备符合参与者数量的卡片,发给每个孩子。卡片上的插图要混有所选书籍和其他书籍中的角色和场景,准备方式可采用以下任意一种:

a. 由擅长绘图的领读者或支持者来绘制。

b. 准备两本书,另外选出的那本书尽可能和活动用书出自同一位画家,且其中角色和场景的图画看起来很像。不管是活动用书的图画,还是另一本书的图画,都直接从书中裁剪下来。

有的孩子会拿到活动用书中的图画,而有的孩子会拿到跟活动用书无关的图画。跟活动用书无关的图画的数量要少一些,控制在总数的三分之一左右。

实施方法

领读者让孩子在自己身边围成一个圆圈,递给每人一本活动用书。书籍数量如果不够，二至三人可以共用一本。请不要使用播放幻灯片等方式，而是让所有参与者一起看图。因为让孩子接触到书籍，跟书籍建立起亲近感，是很重要的。

发下书籍后，按照以下步骤展开活动：

（1）领读者向孩子说明接下来要朗读故事，也就是他们手上名为《……》（此处说出书名）的故事。如果领读者对作者和绘者有所了解，可以介绍给大家，也可以评论插图画得有多美。

（2）说明结束后，领读者以恰当的速度，抑扬顿挫地朗读故事。

要让孩子一边看插图，一边聆听故事。领读者必须留意孩子有没有跟着翻页，也可以对他们说："来，翻页喽。"

（3）朗读结束，领读者一边提及角色做了什么事，一边问孩子喜不喜欢这个故事。同时将所有书籍都收回来。

（4）收回书籍，领读者发给每人一张画有角色或场景的卡片。孩子能够辨别他们所拿到的卡片上的物品或风景等，判断出是不是出自于此书中，这一点非常关键。领读者要向孩子说明，书里的角色逃出来了，和没有出现在书里的其他角色混在一起了。

（5）孩子向他人展示自己的卡片时，如果能说清楚以下事项，就代表他充分理解了这个故事。

a. 卡片上的人物或场景是否出自他所聆听的故事。

b. 这个人物叫什么名字，或该人物出现在什么场景中。

c. 卡片上的人物或场景，出现在故事中的哪部分。

所有孩子都展示完自己的卡片后，领读者宣布活动结束。

所需时间

如果人数不多,三十到四十分钟可结束活动。

孩子感兴趣的程度、投入程度与困难程度

活动的趣味性,将因以下因素而有所变动:搭配故事的插图是否有魅力,漂不漂亮?是否清晰地表达出想表达的东西?是否贴切地呈现出场景?另外,领读者朗读时,孩子是否是手捧书籍、观察插图的状态?

孩子如果不习惯阅读图画,或跟不上朗读的速度,活动将很难顺利推进。

组织阅读作战后的分析与思考

和其他活动相同,领读者在活动结束后应立刻进行自我评价,看看实践的状况如何,反思是否选择了合适的书籍,插图是否易于了解,是否充分表达出应表达的东西,活动能否令孩子专注而热切地投入其中。

第四章

深入挖掘自身阅读潜能

29. 引导孩子讲故事：我们来说故事吧

30. 发现元素的作用：怎么有这么多东西呀

31. 思考角色的想法：为什么

32. 理解段落内容：哪段是正确的

33. 关注关键情节：这样开始，这样结束

34. 深入理解作者想法：为他辩护

35. 重视故事的顺序：在那之前，发生了什么

36. 提升记忆力：故事是这么写的吗

29. 引导孩子讲故事：我们来说故事吧

解题

不管是听人说故事，还是听人朗读故事，对幼儿期的孩子来说都非常重要。因此，我们思考出了这个阅读作战方法——领读者在朗读故事后，通过提问的方式，由孩子重说故事。

于是，"引导孩子讲故事：我们来说故事吧"应是非常贴切的标题。

参与者

以幼儿为活动对象。该对象虽然还不识字，但能聆听故事，也能通过插图来解释故事。

二十到二十五人为宜。

目标

* 提升专注力。
* 增强理解力。
* 丰富想象力。
* 让幼儿忘我地融入故事中。

领读者

领读者必须有耐心，有活力，充分了解幼儿，且乐于朗读故事给幼儿听，并能根据幼儿听故事的状态一再调整自己的朗读节奏。

必要的材料和方法

首先准备活动开始时要朗读的故事（图画）书。接着准备卡片，写上与孩子们对话时要提的问题。问题的答案一定要出自所朗读的故事中。

不可使用幻灯片等工具让孩子一起看图，这是为了使孩子能够自由地与故事接触，并专注地聆听。替代的方式是在朗读结束后，发给每人一本书，给他们几分钟的时间专心地观察图画。

实施方法

领读者先请孩子在自己身边集合，简短地朗读具有优质插画的故事。

（1）哪一部分令人感到开心？哪一部分令人感到愉悦？哪一部分令人感到悲伤？领读者提出诸如此类的问题，从各层面与孩子展开讨论。

（2）如果孩子能通过讨论记牢故事，领读者便开始针对每个人提出问题。提问的时候，要确保答案只出自故事内容，或只出自插图。假如年幼的孩子不习惯聆听故事朗读，无法清楚地表达自己心中的感受和想法，可采取向所有人提问，大家一起回答的方式。

（3）在问题的导引下，全部的孩子都"说了故事"后，便宣布活动结束。

领读者向孩子们宣布，下次要讲不一样的故事，玩类似的阅读游戏。

所需时间

如果人数不多，控制在三十到三十五分钟内。如果孩子乐此不疲，也可稍微延长时间，不过要避免让孩子说到没话可说，或让孩子感到疲惫的情况出现。在他们意犹未尽时结束，将其兴趣延长到以后组织的活动上，是更巧妙的做法。

孩子感兴趣的程度、投入程度与困难程度

假如故事很好，孩子能充分理解，且提出的问题与答案都十分简洁，便可激发出其极大的兴趣。如果孩子不习惯聆听故事朗读，接收到问题后不知道怎么"说"才好，活动将难以顺利进行。在此状况下，领读者需助孩子一臂之力。

组织阅读作战后的分析与思考

领读者在活动一结束就要思考：故事内容和自己所使用的话语（必须是足够单纯的日常生活用语），是否符合孩子的阅读理解能力水平？是否是以和缓且易于理解的速度来朗读的？是否巧妙地提出了问题？是否一边强调了促进理解、提升想象力的图画，一边善用了书中插图？诸如此类的问题，从有助于今后进行此阅读作战的各角度，一一详加反思。

30. 发现元素的作用：怎么有这么多东西呀

解题

　　此阅读作战方法的目的是，带领孩子发现物品、动物、花等诸多元素在书中所发挥的作用，且让孩子察觉到这些元素有时会带有诗歌般的韵味。因此，标题定为"发现元素的作用：怎么有这么多东西呀"。

参与者

　　如果选择对孩子来说极易理解的书籍，便以阅读后即可理解故事的小学三、四年级学生为活动对象。如果选用内容较为复杂的书籍，则以小学五、六年级及以上的孩子为活动对象。

　　即便人数不多，活动也能顺利进行，但以二十到二十六人之间最恰当。

目标

　　* 理解阅读的故事。

　　* 重视故事周边的状况。

　　* 让孩子习惯性地注意到具有衬托任务的元素所起的作用。

领读者

　　领读者必须能够引导和激发孩子对发现书中小细节的热情。此外，领读者要具有让活动气氛热烈起来的能力。

必要的材料和方法

　　首先，准备符合参与者人数的书籍，也可以两人一本。在活动举办前的两周内，让孩子们提前阅读。

　　接着，准备扑克牌大小的卡片，每人一张。由于这是个让孩子回想、找出书中所出现的元素的阅读游戏，因此每张卡片上要分别写上问句，询问某种元素是否曾出现在书中。例如：故事中有没有出现动物？有没有出现食品？有没有出现家具？有没有出现花？有没有出现纸做的东西？诸如此类，让每个孩子手中都拿有一张卡片，每张卡片上询问的东西都不相同。

　　但当人数较多，又没办法归纳出那么多类别时，可准备同一问句的卡片两到三张，同时将孩子分为两到三人一组进行回答。

　　领读者先将孩子可能回答的答案制作成表格。

　　不论要采取什么样的阅读作战方法，绝不可事先告诉孩子，因为领读者必须让他们在没有考虑如何"迎战"的情况下，自由地阅读。

实施方法

领读者混在孩子当中，和他们围成一个圆圈坐下，根据孩子们事先阅读的内容，按照以下步骤展开活动：

（1）领读者和孩子一起说故事梗概，以此引发所有人回想书中的内容。

（2）领读者对孩子作出以下说明：故事中常常出现树木、花草、动物或其他各种东西，它们虽然没那么重要，却发挥了表格中所列出来的某种作用，从而让故事更完美。同时，领读者让大家一起从所读过的书籍中发现这些东西。

发给每人一张卡片。

卡片发完后，告诉他们默读卡片上的内容，并思考答案。

（3）领读者根据孩子的理解速度，等待三至五分钟，而后从自己右手边的孩子开始，请他朗读卡片上的内容，并询问有没有其他人拿到相同内容的卡片。如果有，将他们组成一组，一起思考答案。

（4）如果活动采用分组回答的方式，再多给他们几分钟，让他们思考书上哪些东西和卡片上的东西属于同一种类，并找出来。

等时间一到，领读者提问卡片上的问题，例如：这本书有没有出现花朵？拿到相同问题卡片的孩子，说出找到的成果。以此类推，领读者朗读问题，拿到此问题的孩子回答。孩子发言时，领读者先不要发表意见，也不要说出他们的回答是否有所遗漏。

（5）所有人都发言完毕，领读者确认并补充书中还有哪些东西没有被发现，以及它们分别出现在故事的何处。

所需时间

根据孩子阅读书籍的深入程度,以及对内容的记忆程度而定。如果他们能迅速回答,四十分钟以内可结束活动。

孩子感兴趣的程度、投入程度与困难程度

假如孩子阅读书籍时,已经留意到构成表格内容的各个细部,那他们将毫无疑问地乐于回答,且忘我地融入挑战中。

相反,如果孩子平时很少阅读,只能停留在内容的表层上,那么活动将无法顺利进行。针对此种状况,领读者可以先通过其他阅读作战方法充分培养孩子的阅读能力,再挑战此阅读作战方法。

组织阅读作战后的分析与思考

如果希望这个阅读作战方法取得良好的效果,必须选择有很多帮衬元素的书籍。请领读者好好思考自己所选的书籍是否充分满足此要件。

此外,假如孩子很难说出答案,或许代表活动失败了,领读者一定得注意到这点。领读者还需要分析活动中有没有冷场,能否在此阅读游戏的各个步骤中带动活泼欢乐的气氛。

31. 思考角色的想法：为什么

解题

我们希望通过阅读活动，让孩子咀嚼书籍所传达的含义。想达到这一目的，一定得先理解角色具有哪种力量、哪些特色，以及处于什么状况之中。将关注点放在这上面，且名为"思考角色的想法：为什么"的阅读作战方法，就是要深入思考主角和配角的想法和态度。

参与者

以九到十二岁的孩子为主要活动对象。假如选择了难易程度适宜的书籍，也可以中学生为活动对象。

人数限制在十五到二十人之间。超过此人数，会花过多的时间。但如果领读者认为某些孩子必须要参加这个阅读游戏的话，人数也可以依其标准有所改变。

目标

* 能深度阅读作品。
* 能注意到角色的情感与态度。
* 理解该作品表现出哪种社会立场。

领读者

领读者必须能够通过阅读让孩子孕育出情感，且能够协助孩子发现、理解书中想要表达的内涵。

必要的材料和方法

要做的第一件事就是选书。准备足够的书籍，让孩子在活动开始之前，有充裕的时间轮流阅读。

接着，准备符合参与者人数的卡片，在其上分别写上问题，询问角色的想法与其行为方式。选出数位具有丰富情感与行为表现的角色，制作出足以刻画出他们心理层面与行为的题目。每一道题的形式都是"为什么……"。

实施方法

领读者和参加活动的孩子围成一个圆圈坐下，按照下列步骤展开活动。

（1）领读者先不告诉孩子将以卡片问答的方式来进行活动，而仅仅带领孩子简短地复习故事梗概。

（2）发给每人一张卡片，要注意在卡片全部发完前，大家都不能看内容。当领读者表示可以阅读卡片时，参与者便默读自己手上的卡片，并思考自己是否能够回答。在这期间，保持安静是非常重要的。假如孩子答不出来或忘了与题目相关的某一段内容，可以小声询问左边或右边的伙伴，如果双方认为彼此交换卡片会更好，便可以这么做。

（3）如果有人想交换卡片，在他们交换的少许时间里，领读者告诉参与者，一会儿大家要分别朗读自己卡片上的题目并加以回答。如果有孩子读完题目却答不出来，领读者则询问其他人是否能回答。

（4）所有人发言结束，大家一起开个八到十分钟的讨论会。讨论作品是否有趣，令人感到喜悦还是悲伤，是否容易理解。任一方面的讨论都可以。讨论结束，活动也告终。

所需时间

如有二十个参与者，大约需要一个小时。人数减少，所花时间也随之减少。

孩子感兴趣的程度、投入程度与困难程度

孩子是否能产生高度兴趣，根据他们阅读能力的强弱而定。如果他们具有良好的阅读能力，能理解阅读的内容又能将其牢牢记在脑海中，便能轻松地回答问题，并且生龙活虎地做游戏。

相反，假如孩子只能停留在浅层阅读上，回答问题时就会受阻。此时，领读者可展现引导技巧，让孩子不因此而感到受挫，激发出他们想要再次尝试的动力，这样他们在阅读下一本书时便能投入其中了。

组织阅读作战后的分析与思考

领读者需认真评价自己的举动是否合适;是否做到了不因不知如何指导孩子而左右为难,而是激发他们"想投入其中"的念头;是否做到了不将自己的阅读方式强加在孩子身上,而是引导他们表达出自己的发现。此外,还需分析是否选择了合适的书籍,是否明快而清晰地展开了此阅读游戏。

32. 理解段落内容：哪段是正确的

解题

如果读了这个阅读作战方法中所选用的书籍，就会明白"哪段是正确的"是非常合适的标题。此阅读作战方法的目标是，能够分辨某段描述的摘要是否符合书中的该段内容。

参与者

如果参加的孩子经常阅读，且所选的书籍符合他们的年龄段，那么小学三至六年级学生都可作为活动对象。如果采用难度更高的书籍，也可以初中生为活动对象。

由于是三人一组来进行挑战，参加人数可在三十人左右。

目标

* 确认该内容描述的场景。

* 锻炼记忆力。
* 理解所阅读的内容。
* 提升自控力。
* 加强伙伴间的合作关系。

领读者

在孩子找到答案前，领读者能够耐心等待，不插手帮忙。若因太过保护孩子而不当地介入其中，非但无法帮助他们，反而会成为他们智能发展的阻碍。

因此，领读者必须具有亲切的特质，且只能在必要时开口讲话。故以性格稳重、话不多的人为宜。

必要的材料和方法

以孩子有充裕时间阅读作为选书原则，尽可能准备人手一册。如果难以做到，便准备至少两人一册，让他们在十五天内能够轮流阅读完毕。

在孩子阅读书籍期间，领读者要着手准备以下东西。

a. 在 B4 纸上写下作品中某一段的摘要。不是完全照抄，而是以其他的语句忠实地写下其内容。

而后，针对同一段内容组织另外两段摘要，分别写在两张纸上。书写方式并非传达该段原有的内容，而是要加以更改。

三段都完成后，标上 A-1、A-2、A-3 的编号，利用字母来区分出各个不同的状况，但必须留意别让编号成为孩子判断哪一段是真的摘要的线索。

b. 一段摘要有三种状况，也就是有三张纸，各摘要的总数加起来等于参与者的人数。

接下来，准备好写答案的纸，供自己使用，便于在活动中进行确认。

实施方法

领读者集合事先阅读过所选书籍的孩子，让他们围成半圆形坐下，按照以下步骤展开活动。

（1）发给每人一张写有摘要的纸，同时说明纸上所描述的状况，有的符合书本上的内容，有的并不符合。

（2）发好后，让孩子们默读，并给他们一点时间思考书籍的主要内容。

（3）告诉孩子们，看看纸张上所标的编号（如 A-1、A-2、A-3），拿到同一开头字母的三人组成一组，随后，大家一起阅读三张纸上的三种摘要，小声讨论哪段描述是正确的，并选出代表全组回答的发言人。

（4）各组整合好意见后，A 组的孩子们分别朗读自己纸上的内容，接着由发言人说出三段当中哪段是正确的。

a. 领读者请认为自己拿着正确内容纸张的孩子走到自己身边，剩下的两人留在原位。

b. 同一组如果有两个人都认为自己的摘要是正确的，领读者就让两个孩子都站到自己身边。

c. 除了发言人以外，其他的孩子在轮到自己那组之前，都安静地聆听其他组的发言。

d.三人一组的孩子按照字母顺序，分别朗读手上的摘要，拿到正确摘要的孩子走到领读者身边排成一列。各组依序发言。

（5）如果同一组有两人都来到领读者身边，在此阶段，请两个孩子再次朗读手上的摘要，由其他孩子判断哪段是正确的。如果有人认为哪个孩子误站到领读者身边，也可在此阶段提出异议。孩子们的意见都发表完毕后，如果仍然有误，领读者说出正确答案。

（6）领读者安排拿到正确摘要的孩子在自己旁边排成一列，按照故事的顺序再朗读一次纸上的内容，然后宣布活动结束。

所需时间

根据孩子的阅读速度而定，五十分钟到一个小时较为适当。

如果时间延长，领读者必须好好留意孩子们是否出现疲惫的状况。

孩子感兴趣的程度、投入程度与困难程度

能够引发孩子兴趣的因素有：领读者能恰当地从故事中选出各段描述，参与者能深入阅读，并能安静地思考。发现同伴拿到了正确的摘要时，他们的兴致将更为高涨。

组织阅读作战后的分析与思考

领读者必须思考，活动是否是在冷静且有秩序的状态下进行的？孩子是否忘我地融入游戏中了？

33. 关注关键情节：这样开始，这样结束

解题

　　此阅读作战方法的目标是，将孩子们的关注力引向书中某些具有重要意义的情境中。给予孩子一个可作为线索的段落（并不限于关键情境），让他们思考为什么会变成这样，结果如何，并请他们加以说明。

　　因此，"关注关键情节：这样开始，这样结束"的标题，是非常适合的。

参与者

　　活动对象为具有较好阅读能力的中学生或高中生。当然，在其他的阅读作战方法中接受过阅读训练后，再参加这一活动，效果将更好。

　　人数最多三十人。但如果两人或三人为一组来比赛的话，人数可稍微增多。

目标

　　* 能够深入阅读。

　　* 能够找出所选书籍的重要部分。

　　* 培养互助合作的精神。

　　* 锻炼将阅读到的内容表达出来的能力。

领读者

　　领读者必须能将此阅读作战方法的优异之处毫无遗漏地发掘出来，同时必须具有丰富的文学素养。

必要的材料和方法

　　准备好用于此活动的书籍，每人一册。假如有困难，可改为两人一册。

　　接着，要根据以下要领准备所需纸张。

　　选出简短的段落，该段落需呈现出与某章的事件有关联的重要情境。由于要让孩子思考这一事件为什么会发生，又产生了什么样的结果，选择段落时要避开提及原因和结果的段落。

　　然后将该段落写在纸上。

　　参与者两人一组时，准备两份写着相同内容的纸张。三人一组时，则准备三份写着相同内容的纸张。

实施方法

　　孩子事先阅读过领读者所选的书籍。此阅读作战方法虽然以受过阅读训练的孩子为主要对象，但由于需记住事件的因果关系，所以尽量在接近活动日的两周内，再开始让孩子阅读该书籍。

此外，由于令孩子感到惊奇也是提升活动效果极为重要的因素，所以不要让孩子知道即将进行什么样的阅读作战。如果他们知道了，便会为了迎合此阅读作战方法去阅读那本书，而无法自由地阅读。

活动日当天，按照以下步骤展开活动。

（1）向所有人说明所选书籍的内容梗概，但是避免触及细节。

（2）说完内容梗概后，领读者将准备好的纸张发给每人一张，并要求他们找出该情节出现的原因和结果。

接着，每人朗读自己手中纸张上的段落。

以分组的方式进行活动时，拿到相同段落的伙伴组成一组。

（3）不管以个人或以分组的方式进行活动，都给予孩子十到十二分钟的准备时间。以分组的方式进行时，组员间可互相交换意见。

（4）时间到了，领读者指定第一个人或第一组，让他们朗读拿在手中纸上的内容。如果采用分组的方式，由领读者指定的发言人朗读内容。

接下来，领读者以"事情是怎么开始的"这一问题来询问事件的原因。参与者回答后，不管答案是否正确，领读者都继续问道："后来怎么样了呢？"发言人答不出来时，由有意愿回答的孩子作答。

（5）所有人都发言结束后，领读者说明尚不清楚的部分，而后宣布活动结束。

所需时间

大约五十分钟可结束，不过参与者较多时，或许要花一个小时以上。

孩子感兴趣的程度、投入程度与困难程度

阅读游戏的进行节奏如果掌握得很好,将会引发参与者的高度兴趣。领读者要让孩子分别试着表达自己的想法。

若孩子无法深入阅读,又不习惯找出导致某情节出现的原因,活动将难以顺利进行。

组织阅读作战后的分析与思考

领读者要控制住想将孩子拉到与自己同等阅读理解能力水平的急切欲望,而是应该一边解释孩子的疑点,一边根据孩子可延展的程度,提高他们自身的阅读能力。因此,领读者必须针对这一点,分析自己在活动中究竟采取了哪种态度。

是否做到了不急着插手帮忙,而是恪尽己职,耐心等待?是否等待得过久了?选取的段落是否足够好?所选书籍是否适合此阅读作战方法?以上几点也请加以分析。

34. 深入理解作者想法：为他辩护

解题

通过作品中角色的行动，去理解作者想传达什么——在此过程中，孩子的智能会获得发展和提升，这便是此阅读作战方法的目标。由于在这个过程中，孩子会一边为角色进行辩护，一边深入思考作者的想法，所以"深入理解作者想法：为他辩护"这一标题，充分地表达出了该活动的内容。

参与者

参与者必须能够理解内容，具有一定的深入思考能力，并且能表达自我想法，因而以初中二、三年级学生到高中生为主要对象。人数控制在三十人以内。

目标

* 锻炼缜密思考的能力。
* 提升口头表达的能力。
* 能够一边运用理解能力一边阅读。
* 能够找到一本书中所包含的各种看法。

领读者

领读者必须具有随机应变的能力,且沉稳有耐心,同时对青春期的孩子有充分的了解。此外,还得具有缜密的思考能力,以及敏锐的辨析力,能够从作品中找出适用于此阅读作战方法的角色。

必要的材料和方法

如果在活动热烈进行时,能人手一册书籍,是最好的状况。参与者回答问题时,如果可以引用书中的某些段落,他的发言将更显强劲有力。

领读者先告知参与者,在活动进行前必须认真阅读书籍。

接下来,准备符合参与者数量的卡片,在上面写好他们在游戏中所扮演的角色。从小说中网罗大家感兴趣的人物,以及六到八个与这一人物具有对立立场的人物,再将每个人物的名字分别写在各张卡片上。剩余的卡片全部写上"读者"两字。此外,为了让扮演读者的孩子对于谁代表哪一个角色一目了然,需准备好角色的名牌。名牌上要附有绳子,便于孩子挂在脖子上。

实施方法

将参加活动的孩子集合好之后,以简短且易于理解的方式介绍作品主题。

(1)向孩子说明,即将给所有人发放卡片,有的卡片上写了主要角色的姓名,有的卡片上则写了"读者"两字。

拿到角色姓名卡片的孩子,不管是否喜欢该人物,都得说清楚小说里该人物做出某些行动的理由。

担任读者的孩子,要针对角色在各种情境中采取的行动或态度,提出问题,请角色们说明。问题最好是从书中发现的点,或看起来易于用书中描述来说明的点。

(2)在发放卡片时,要注意有字的那面朝下。全部发完后,孩子才能看内容。然后,请大家各自阅读手中的卡片,明了自己要担任的角色。为了让担任角色的孩子与担任读者的孩子方便对话,请双方面对面坐成两列。

另外,提问开始时,参与者将领读者准备的名牌挂在脖子上,这对活动的顺利展开会很有帮助。

(3)在此阅读作战方法中,领读者的职责是:维持秩序;如果有人中途插话,需加以调解;如果孩子应答时过于激动,请他们平静下来,但要让孩子直率地表达意见。

当孩子的回答过头了,或采用不是书上的内容作为论述理由时,领读者需提醒他们回到原文中。

(4)如果有必要,领读者最后可以做归纳,确认大家是否理解了作者的想法。由此,每个人的阅读理解能力和理解程度如何,可看得一清二楚。

所需时间

根据孩子的阅读深度,以及能否运用自己的能力持续讨论而定。花费时间的多少并不易计算,大约一个小时。

孩子感兴趣的程度、投入程度与困难程度

如果担任角色的孩子能发挥自己的分析能力、表达能力,而负责提问的孩子也能发挥自己的批判能力,那么将调动起大家极高的兴趣。

假如孩子的阅读能力不足,没办法充分了解书中内容,活动中则会遇到一定困难。

组织阅读作战后的分析与思考

当领读者独自一人时,要学会评价自我的行为表现,严格检视并反思。例如:所选书籍是否恰当?内容能否与孩子关注的事物相呼应?此外,为了使孩子自己发现答案,领读者是否能够做到不把自身的意见强加到孩子身上,而尊重孩子原有的阅读方式?

这是个经由反复挑战,从孩子的阅读方式中,激发他们深刻批判能力的阅读作战方法。

35. 重视故事的顺序：在那之前，发生了什么

解题

　　这个阅读作战方法，是为了让读者发现作者安排或构思的故事顺序的重要性。由于参与者需要思考在某个具体情节之前，曾发生过什么，因此标题便定为"重视故事的顺序：在那之前，发生了什么"。

参与者

　　以无阅读阻碍，并能够理解所读内容的小学三至六年级学生为活动对象。不过，假如孩子尚且无法确切地理解书籍内容，也可以等他们升至初中以后再来参与，以期获得更好的效果。

　　孩子在挑战此阅读作战方法前，可先尝试进行其他较为简单的阅读作战。

目标

* 锻炼注意力。

* 重视故事的顺序。

* 可分辨出故事（小说）里所描绘的各种事件。

* 鼓励孩子进行口头表达。

领读者

领读者需具有沉着冷静、有耐心、能随机应变、话不多等特质。在任由孩子自由发言的过程中，即使自己几乎都没开口，也不至于感到焦虑。

另外，领读者必须有能力选出需写在卡片上的故事段落。

必要的材料和方法

首先，选好供此阅读作战方法使用的书籍，并准备好足够的册数，尽量让孩子在两周之内阅读完毕。

随后，制作为此阅读作战方法特别准备的纸张或卡片。因展开方式不同，可采用大小不同的卡片或B4纸，上面写上书中某个场景的一个段落，以及具体问题。如果能在活动进行得最热烈时，也能保证人手一册书籍的话，那是最好的。接着，分别从书中的不同处，摘录出有关内容的描述，如实写在每张纸或卡片上面。

实施方法

参与者事先阅读活动选用的书籍。参与者座椅围成可与领读者面对面，且方便对话的马蹄形。

（1）所有人都坐好之后，领读者将卡片（或纸张）发给每个人。卡片上写有与故事有关的描述片段。

（2）给孩子默读卡片内容的时间，根据孩子的阅读理解能力，时间为两到三分钟。

（3）阅读结束，领读者向孩子说明，接下来要寻找不同的卡片上分别描述了什么事，以及在这个场景之前曾发生了什么。可给孩子一点时间，让他们想一想，找出事件前曾发生过什么。为了使每个人都认真思考，该段时间要保持静默。

不使用卡片而使用纸张时，可在纸张上记录孩子的发言要点。

（4）所有人都准备好之后，领读者指定第一位孩子，请他朗读卡片上的内容，朗读结束后，询问他："那之前发生了什么？"

如果孩子能够答出卡片或纸张上所写事件发生前的情景，告诉他"答对了"。随后由第二位孩子来朗读、作答。

如果有误，回答成该事件之后所发生的情景，或书上并未清楚写出的情景，领读者可组织讨论。

如上所述，所有人都按顺序向大家说明自己的发现。

（5）所有人都发言结束后，领读者让没答对的孩子再次朗读手中卡片或纸张上的内容，并询问"有人知道答案吗？"再次给大家一起解决问题的机会。

（6）所有题目都答出来后，告诉孩子下次再一起来挑战其他阅读作战方法，宣布活动结束。

所需时间

根据孩子的阅读能力而定，五十分钟到一个小时之内完成。

孩子感兴趣的程度、投入程度与困难程度

这一阅读游戏所激发出的趣味性高低，将根据孩子对所选书籍的理解程度，以及能否将各个事件关联起来而定。如果孩子阅读得很透彻，能自主发现某个场景之前究竟发生了什么，将获得愉悦的阅读体验。

相反，如果孩子阅读能力不足，或所选故事的难度与孩子的阅读能力不符，活动将可能受阻而难以顺利进行下去。

组织阅读作战后的分析与思考

孩子离开后，领读者要自我反思，分析是否成功实践了此阅读作战方法，这是非常重要的。书籍选得好不好？能否从书中选出合适的段落？能否在不压制或过度保护孩子的状况下，引导活动顺利进行？以上这些，领读者都需要明确地加以自我审视。

36. 提升记忆力：故事是这么写的吗

解题

　　这个阅读作战方法的目标是激发出辨识力，让读者有办法分辨出随后所阅读的段落与之前在书中阅读的段落哪里有不同。从浅层阅读渐渐地深入，直至深层阅读。

参与者

　　如果是注意力足够集中，能理解所阅读文本的孩子，小学一、二年级的学生都可参加。当然，在这种状况下，要选用简单的故事，使更改的内容容易被发现。

　　如果选用复杂的故事，以三年级以上的学生为佳。

　　人数如果多达三十人也没问题。由于是两人成组挑战，因此并不会花费太多时间，参与者也不至于感到无趣。

目标

* 提高注意力。
* 增强理解力。
* 不停留在浅层阅读上。
* 孩子能合力动脑（或智慧碰撞）。
* 培养孩子自主选择伙伴的能力。

领读者

领读者必须有耐心、个性沉稳，能够做到不中途插话，耐心等待孩子，给他们留有足够的时间去专注地思考。

必要的材料和方法

首先，准备好足够册数的所选书籍，供孩子事先在家阅读。

接着，准备此阅读作战方法中需要使用的卡片。备好符合参与者人数的卡片，在其中的一半卡片上，分别写上从故事中摘录出来并稍微修改的简短段落。例如，故事中原本写着："大家吃了炸面包和热巧克力当点心后，跑到院子里玩球。"便可更改其中的"物"或"事"，变成这样："大家吃了抹上果酱的面包当点心后，跑到院子里玩躲猫猫。"

其余的一半卡片则写上："找一个拿到写了完整段落卡片的人做伙伴。"

所有人都两两成组后，如果多出一人，请他加入任一两人组成为三人组。要与谁成组，由孩子自己决定。

实施方法

领读者邀请已经阅读过指定书籍的孩子围坐在自己四周。

（1）不触及卡片上所写内容的细节，引发孩子回忆故事梗概。引导他们每个人都说出一点内容，所有人在五分钟之内一边说，一边回顾故事内容。

（2）发给每人一张卡片。将卡片内容朝下，确保在卡片发完前，没有人看到上面的内容。

（3）卡片上有的写着书上的段落，有的写着要寻找同伴。卡片全发完后，请他们逐一朗读内容。拿到写着书上段落的卡片的孩子，坐在领读者的右侧；拿到写着寻找同伴的卡片的孩子，坐在领读者的左侧。

接着，花几分钟让孩子选择自己的伙伴。

（4）所有人都分成两人小组后，便进入思考阶段。每组成员反复阅读卡片上的段落，小声讨论：卡片上的段落和书上原有的段落是否一样？如果内容有所变化，不同处在哪里？原来又是怎么写的？要怎样修改才能恢复原样？

这个步骤将花掉多少时间，视孩子的阅读能力而定。

（5）孩子们阅读了段落并加以思考后，各组集合到领读者身边。

每组分别发表自己的发现和思考结果。所有小组发言完毕，领读者揭晓所有卡片上原有的段落内容。孩子可由此判断自己是否答对。

领读者告知大家，下次将阅读其他故事进行游戏，然后宣布活动结束。

所需时间

根据此阅读游戏的难易程度,花费必要的时间即可,不过,需避免让孩子无事可做。孩子如果能事先进行深入阅读,此活动大约四十五分钟便可结束。

孩子感兴趣的程度、投入程度与困难程度

如果所选故事优美,符合孩子的阅读理解能力水平,孩子将玩得很开心且兴致高涨。

假如孩子的阅读能力不足,特别是理解力和记忆力不够,或阅读仅限于表面,将会在活动中出现阻碍。遇到这样的问题,可通过系统地实践读书会的各种阅读作战方法来克服。

组织阅读作战后的分析与思考

领读者要毫无隐讳地反思以下几点:是否做好了分内的事?是否花了足够的时间选出最适合的作品?是否具有充分的耐心,在孩子不至于感到无聊的状况下,给予了他们足够思考、分享的时间?能否营造出让孩子融入其中、乐于挑战的气氛?这些都是提升孩子阅读能力的关键因素,必须好好分析。

第五章

体味书和阅读真正的价值

37. 描绘角色：哪一个是他
38. 区别故事角色：固定在这里
39. 找出角色的行为动机：为什么
40. 寻找作者意图：我是这么想的
41. 激发诗歌阅读力：出谜题并且加上说明
42. 学习诗歌韵律：我的词语在哪里
43. 挑战记忆力：大家的记忆力

37. 描绘角色：哪一个是他

解题

　　以幼儿或小学低年级学生为阅读对象的书籍，通常以图片为主。尽管也有以文字为主、插画为辅的情况，但在描绘故事角色时，图画往往具有其独立性。

　　此阅读作战方法旨在引导孩子不仅能通过内容的描写，也能通过画家的绘画表现，留意到角色的个性与外型。在其他的阅读作战方法中，已懂得图画具有阅读价值的孩子，在这个活动中将再往前迈进一步。此阅读作战方法也可称为"同时阅读图画与内容"。这个阅读游戏是让孩子思考发给他们的纸张上所画的角色，是否忠实地呈现了书中插图与内容的描绘。

参与者

　　以能够分辨几个图画（素描）的差异，且能够聆听故事朗读的幼儿为活动对象。领读者必须选择符合以下标准的书籍：对人物的描写清晰，插图能确切反映故事内容，故事篇幅简短。

目标

* 能专注地聆听故事。
* 激发出对所听内容的理解力。
* 拓展观察力，能仔细地观察角色。
* 判断图画是否忠实地呈现了内容。

领读者

领读者必须懂得如何带领还不会阅读的孩子去阅读，另外需具备足够的耐心，且个性开朗，有办法为活动营造出快乐活泼的气氛，同时充满热情。

必要的材料和方法

所需的材料并不多：准备一个故事和一些纸张（白纸）。故事可以从书上或者儿童杂志上任选一个，纸张（白纸）需要这样准备：在故事中选一个描述最好的、插图丰富的角色。在纸上按照原样描绘出这个角色的三张不同的姿势或者动作的图片。接下来，再画三张和原图一样的，但是稍微做一些改动。例如，选择了在一个故事中扮演重要角色的一只狗，在故事里不论描述或者插图都显示这只狗是白色的，只有脚和嘴鼻部有一些黑色的斑点，那么，其他两张图就应该有区别了，如画一只全身没有斑点的狗，或者斑点在身体的其他部位的狗。让孩子从中分辨出哪只才是这个故事中的狗。

在描绘故事主角的时候，变化也不宜太多：原样描绘主角三张不同的姿态；描绘三张第二种姿态的图，但从中做一些改动；再描绘三张第三种姿态的图，也同样做一些改动，使之区分。

为了让孩子在课堂中参与进来，一定要准备足够数量的原图复印件分发给大家。

实施方法

（1）领读者将孩子聚集在自己身边，开始朗读故事——根据孩子的听说节奏朗读。尽量使参与者每人手中都有一本书或杂志，能边听边看图画(素描)。如果没有那么多的书或杂志，至少三人共看一本。

（2）朗读结束，让孩子仔细观察图画（素描），并发给每人一份画有此人物不同姿态的纸张。

告诉孩子各自找出在书中实际出现的人物。接下来便给予他们独立思考与寻找的时间。

（3）所有人都找到答案后，领读者一个个询问：哪一个是他（此处说出这位角色的姓名）？

不管答对还是答错，在所有人都发言完毕前，不要说出答案。

（4）所有人都发表完意见后，询问答对的孩子是如何找到答案的。然后，结束活动。

所需时间

此活动无需花费太多时间，二十五到三十分钟即可。如果孩子不觉得累，时间可再稍稍延长。

孩子感兴趣的程度、投入程度与困难程度

如果孩子能在快乐的气氛中发现角色,将会十分有趣。

假如图像变化做得不够好,孩子又没注意聆听有关角色的描绘,活动则不易顺利展开。

组织阅读作战后的分析与思考

是否做到了让孩子自由发现谁是书中真正的角色?是否将自己的热情传递给了孩子?角色是否描绘得足够好?这些都需要领读者加以分析。

38. 区别故事角色：固定在这里

解题

　　此阅读作战方法的目标是，引导孩子亲近故事中的角色。由于是让孩子将手中的角色钉在准备好的软木板上，所以定了"区别故事角色：固定在这里"这个标题。

参与者

　　以尚且没办法阅读或开始学习阅读的幼儿为活动对象。

　　虽然可以有很多人参加，但是选择的故事，其中的角色数目必须与参与者人数相符。

目标

　　* 引发注意力。

　　* 能够区别故事中的角色。

* 能够习惯参加团体活动。

* 能够习惯用眼睛估算空间的大小，并准确地摆放物品。

领读者

　　领读者必须耐心十足、个性开朗，而且擅长朗读故事，以便让孩子能够开心地迎接挑战。

必要的材料和方法

　　首先，选出角色数量与参与者数量相符的故事。

　　接着，在厚纸上画上人物的图画（素描）。这些图画要用大头钉固定在软木板上，所以得使用结实的厚纸张。

　　将所描绘的角色裁剪下来，涂上漂亮的颜色。

实施方法

　　（1）孩子们围成一圈后，领读者简短地说一下故事。其中，要将此阅读游戏中会出现的动物、物品、人物等都带到故事介绍中来。由于之后会仔细朗读故事，所以此时不需讲得太详尽，只要一边点出角色，一边带过情节即可。

　　（2）说完故事梗概，将图卡展示给孩子看，并请他们每人选一张。或者将图卡朝下盖在桌上，在不知道图卡画的到底是谁的情况下，由孩子任选一张，以增强阅读游戏的神秘感。

　　（3）每个人都拿到角色图卡后，领读者逐一询问他们："你拿到的是谁？"如果有孩子弄不清自己手中的角色是谁，领读者便需加以说明。

（4）领读者告诉孩子："我要开始朗读先前说过的故事了，在朗读过程中，如果出现你手中的那个角色，你就走到软木板那儿，一边说'固定在这里'，一边将图卡固定上去。可以选上面、下面、中央、角落等任何你喜欢的地方进行固定。"

为了让孩子能不慌不忙地固定图卡，领读者在孩子返回原位前，要暂停朗读故事，耐心地等待孩子固定卡片。

（5）故事朗读完，问孩子所有的角色是不是都排好了。如果有孩子觉得哪里有问题，请他在排列美观的原则下变更图卡位置。例如：如果有个角色距离他的好友很远的话，原本将该角色固定上去的孩子，可以再更改它的位置。

（6）大家互相讨论故事中最动人的部分。领读者邀请孩子下次再用其他故事一起来玩阅读游戏。

所需时间

由于以忍耐力尚且不足的幼儿为对象，所以必须事先思考规划周详。如果选择了篇幅虽短，但表现力丰富，且对角色描绘清晰的故事，让孩子在不至于感到疲惫的状态下，集中注意力参与游戏，大约三十分钟可以完成。

活动推进的速度是否要再快一点，或时间是否要延长一点，则由领读者根据对孩子具体情况的观察来判断。

孩子感兴趣的程度、投入程度与困难程度

假如故事是运用简单的词汇简洁明快地创作而成的，易于理解，角色很亲切，且领读者朗读得很吸引人，图又画得很好，那么孩子将能兴致盎然地挑战此活动。

相反，如果不具备这些条件，领读者带领的方式又不够有趣，活动将无法顺利开展。

组织阅读作战后的分析与思考

不论是哪个阅读作战方法，都会一再提及的是：领读者要分析活动的进行状况，理清思路，若要加以改善，要从什么地方着手，如何改善。

特别要认真思考，自己是否清楚领读者和教师职务的不同。领读者开展的是让孩子与故事、阅读相亲相近的活动，而非在教室中上课。

39. 找出角色的行为动机：为什么

解题

在文学作品当中，角色说了某些话，做了某些事，往往有具体的理由。

这些理由，虽然有的是以意见或愿望等理所当然的形态清楚地呈现出来，但有时候却很隐晦，令人难以理解。因为这些理由当中有仅仅出于像借口一样的动机而做出的事，也有非常不被看重的事。角色"为什么"采取此行动，找出其原因，不但有趣、好玩，更是一种重要的阅读训练。

参与者

以小学五、六年级学生为活动对象。不过假如是具有较强阅读能力的孩子，也可以是小学三、四年级的学生。

人数在二十五到三十人之间，尽可能不要超过这个范围。

目标

　　* 找出某个行动与其他行动的关联性。

　　* 能分辨有些看似不重要的行动，其实具有其重要性。能够区别故事中的角色。

　　* 能根据某个角色如何使用某种东西，去发现这种东西具有的价值。

　　* 能将注意力放在事物的最终目的上。

领读者

　　领读者要能够掌握文中出现的个别状况到底是"为什么"。

　　另外，领读者必须具有开朗、乐观的特质，能活泼地带领活动开展下去。

　　如果能事先了解参加此阅读作战的孩子的阅读能力水平，将会有所助益。

必要的材料和方法

　　用厚纸张制作卡片，在一张张卡片上写下不同的问题。例如："为什么赛莉雅想要在头发上别蓝色的蝴蝶结？""为什么费利佩做了一个大箱子？"领读者也要准备以下类似的答案："因为赛莉雅希望在星期天去做弥撒时，自己看起来很可爱。""因为费利佩没有柜子，想用大箱子收纳衣服。"

　　另外需准备供孩子事先阅读的书籍。

实施方法

全体孩子都集合好之后,领读者告诉他们,接下来要找出角色想要达成某个愿望的原因。

(1)花八到十分钟的时间,让每个孩子说一些故事内容,在此过程中,大家一起回想书中的内容。

(2)发给每个孩子一张写了不同问题的卡片。将有内容的那面朝下,并告诉孩子在卡片发完前不要看。

(3)卡片发完后,孩子们开始看问题、思考答案。

孩子看完卡片内容,如果有人想和其他参与者交换卡片也没关系,领读者给予时间供他们交换。

(4)交换后,大家也安静下来,领读者便请第一个孩子朗读卡片上的内容,随后提问:"为什么会这么做呢?"

(5)如果回答正确,领读者便让下一个孩子接着回答其他问题。如果有误,领读者则询问所有参与者,是否有人知道别的答案。

全体都发表过一次见解后,便可结束活动。

领读者告知孩子下一次将于何时举办活动,阅读什么书,但不要提及开展哪一个阅读游戏。因为要避免孩子带着先入为主的观念进行阅读,而要让他们随时对阅读游戏保有新鲜感。

所需时间

如果孩子事先认真阅读过所选书籍,四十分钟就足够了。

孩子感兴趣的程度、投入程度与困难程度

如果领读者能活泼地带领活动开展下去,选择符合孩子阅读理解能力水平的书籍,并在和谐的气氛中进行各步骤,将会提高孩子参与的兴趣。

如果孩子的记忆力不足,没办法好好记住具体细节,阅读只停留在表面,活动将无法顺利进行。

组织阅读作战后的分析与思考

领读者要自我分析:是否找出了有效的好问题?是否做到了让所有人在没有相互比较的状况下开开心心地享受活动?是否根据此阅读作战方法的目标,有条不紊地向前推进了活动?

40. 寻找作者意图：我是这么想的

解题

　　为阅读教育而设计的阅读作战方法，有许多着眼于教导青春期的孩子如何"思考"。此阅读作战方法的目标，便是协助孩子根据作者的思路去思考，以便发现作者所持的想法。如果无法深入阅读作品，通过整体来寻找答案的话，孩子将无法从文中找到作者的意图。相反，如果能深入阅读作品，通过整体来寻找答案，便能找到。假设作者借助某个角色的话说："战争是蔓延于世界地图中、令人感到畏惧的毒麦。"便可推断出作者是一位和平主义者。此外，还能推论出什么呢？因此，"寻找作者意图：我是这么想的"，应该是个合适的标题。

参与者

　　活动对象是已参加过其他阅读作战方法，并能充分思考且具有一定阅读能力的初三学生以及高中生。

参加人数控制在偶数,总数在三十人以内。

目标

* 协助孩子发现作者的意图。

* 促使孩子深入阅读。

* 引导孩子重视思考的广度与深度。

* 培养孩子的批判能力。

领读者

首要条件为,领读者必须能够从作品中找到清晰表达想法的段落。此外,领读者还必须是个优秀的读者,充满热情,如此才能协助他人完成有效的阅读。

必要的材料和方法

准备符合参与者人数的卡片,在每张卡片上,按照原文写下不同的段落。

此外准备人手一册的书籍,供孩子充分阅读。

实施方法

活动当天,领读者将孩子集合在一起,向他们说明接下来要进行的阅读游戏,即是怎样的阅读作战方法。需向孩子确认,这一阅读游戏首要的目的是"发现作者的想法",接着再开始活动。

(1)发给每人一张写了摘录段落的卡片。告诉孩子安静地阅读,安静地思考卡片上的内容——从该段内容看来,作者想要让读者了解到什么。保持安静，给予孩子充分思考的时间，这非常重要。

（2）八到十分钟之后，如果孩子已经找到答案，便让他们分成两队，面对面排成两行坐好。至于谁要与谁组成一组，并不需要领读者去干预。

（3）所有人都找到位置坐好后，从右侧队伍最前面的孩子开始朗读内容，并解释作者的想法。

这位孩子结束发言后，领读者提问左侧队伍最前面的孩子，其对同一段内容的解释与先前孩子的解释是否相同。领读者可让双方互相讨论。

不管发生什么情况，领读者都不发表自己的意见，仅仅单纯地做个仲裁者，并推动活动的步骤。

第一组发表完意见后，右侧队伍第二位孩子同样和他对面的孩子互相交换意见。接下来是第三组、第四组……都是由右侧队伍的孩子先行发言。一轮结束后，便换成由左侧队伍的孩子朗读内容，与右侧队伍的孩子进行讨论。

（4）两个队伍都像这样进行过一次讨论后，领读者询问有没有人想再补充意见。

（5）领读者归纳整理孩子的发言，或将可视为孩子对作者的发现等内容整合在一起。

所需时间

孩子完成挑战的顺利程度，决定花费的时间。另外，如果在学校的上课时间进行此活动，时间长短应是固定的。

孩子感兴趣的程度、投入程度与困难程度

孩子参与此活动的热切程度，根据他们有没有充分阅读、能不能好好地讨论而定。

假如孩子无法解释内容，无法充分地思考相关内容，那么，活动将难以顺利开展。

组织阅读作战后的分析与思考

所选的段落是否把作者的想法表述得足够清晰，是否引起了孩子的高度兴趣，是否合适？另外，领读者在面对孩子时的行为举止如何？是否做到了不将自己的判断标准强加在孩子身上，且任他们自由表达意见？能够确保秩序，使活动一步步推进吗？

在这个阅读作战方法中，领读者必须具备沉稳的特质。

41. 激发诗歌阅读力：出谜题并且加上说明

解题

　　要想激发孩子对诗的阅读力，通过猜谜语、说绕口令、创造一些听起来比较有意思的新词游戏等，可获得很好的效果。这能引领他们进入诗的世界，成为喜欢诗的契机。因此，我们思考出了谜题作为全面性基础的阅读作战方法。谜语可以引发孩子的兴趣，使他们能流畅地朗诵自己所分配到的谜题。所以，此阅读作战方法便定了"激发诗歌阅读力：出谜题并且加上说明"这个标题。

参与者

　　活动对象是能在充分思考后，理解象征与比喻的九岁以上的孩子。

　　人数控制在二十五到三十人之间。假如人数过多，过程中恐怕会出现参与者感到无聊的状况。

目标

* 丰富想象力。
* 以恰当的抑扬顿挫声调高声朗读。
* 发挥创造力。
* 增强团队合作意识。

领读者

领读者必须能够评价谜语培养孩子智能所发挥的作用,并能找出最适合参与者的谜题。另外需具备足够强的忍耐力,且性格沉稳、冷静。

必要的材料和方法

首先,准备好与孩子阅读理解能力水平相符的谜题,其数量要符合参与者的人数。

准备好谜题后,在一张张扑克牌大小的卡片上,分别写上谜题,同时写上答案,制作好同参与者人数相符的卡片。

实施方法

活动当天,领读者将孩子集合在一起,按照下列步骤进行活动。

(1)将卡片内容朝下,发给每人一张。告诉孩子们,卡片发完之前,不要先看内容。发完卡片,示意孩子安静地阅读卡片上的内容。

(2)孩子都看过后,领读者向他们说明:每张卡片上都写了谜题,接下来要各自朗读出来,互相给对方出题。为了方便出题,请孩子分成两列,面对面坐好。此方式是最适宜的。

(3)被领读者指定的第一位孩子,朝着对面的孩子朗读自己卡片上的谜题，但是不说出答案。

如果负责回答的孩子不知道答案，可以向出题者提出解释的要求。出题者不能使用言语，而必须以手势等肢体语言来说明。如果依然答不出来，就由出题者公布答案。

（4）答题者转换为出题者，向原本的出题者朗读自己卡片上的谜题。

所需时间

根据孩子的人数，以及想出答案的速度而定。一般而言，要花四十到五十分钟。

孩子感兴趣的程度、投入程度与困难程度

假如能准备符合孩子阅读理解能力水平的谜题，他们将受到吸引，也能让活动始终保持活泼的氛围。假如朗诵的方式无趣（对此，领读者需随时注意，给予引导修正），或答题的孩子想象力不丰富，活动便难以顺利进行。

组织阅读作战后的分析与思考

领读者要反省自己是否只尽了裁判的职责。另外需思考，卡片是否制作得足够好，谜题是否准备得足够合适，自己能否沉稳地实践活动的每个步骤？凡是认为会影响活动开展成败的各个点，都必须毫无遗漏地加以反思。

42. 学习诗歌韵律：我的词语在哪里

解题

引领学习者亲近、熟悉诗的韵律，是诗歌教育中重要的一环。策划通过诗来运作的活动时，领读者往往首先想到的也是这一点。此阅读作战方法如果能以生动活泼的方式进行，将会对诗歌教育产生一定的帮助。由于此阅读作战方法是要寻找被遗漏掉的词语，所以，"学习诗歌韵律：我的词语在哪里"应该是个恰当的标题。

参与者

以小学三、四年级学生，也就是八九岁的孩子为主要活动对象。假如是能够自己阅读的孩子，年龄可再小一点，也能产生效果。

人数应避免过多，如果控制在十五到二十人之间，将会产生良好的效果，也能吸引孩子的注意力。

目标

　　＊学习诗歌韵律。

　　＊引发对诗的兴趣。

　　＊能够习惯吟唱。

　　＊对伙伴产生互为一体的感觉。

领读者

　　领读者必须很喜欢诗，具有一定程度的诗歌素养，能够选出对孩子而言合适的诗。同时需具有极强的忍耐度，个性开朗，易于亲近。

必要的材料和方法

　　准备好四行组成的诗，篇幅较长的诗则选取三到五行，诗的数量与参与者的数量相等。

　　用厚纸制作出等同于参与者数量的卡片。在每张卡片上写下所选的四行诗或所选长诗中的一段。不过，要从行中或行末移除一个词语，以"……"或"——"的符号取代。

　　另外，再准备与参与者人数相符的卡片，把从诗中移除的词语分别写上去。卡片上字的大小，要以高举时所有人都能看清楚为标准。

实施方法

　　领读者让孩子集合，在自己身边围成半圆形，告诉孩子接下来要开始进行"我的词语在哪里"这个阅读游戏了。然后，按照以下步骤进行。

　　（1）发给每人一张写有诗的卡片，给他们时间安静地阅读。孩子可反复阅读卡片上的诗。

（2）每个人都掌握了各自拿到的诗的内容后，领读者告诉他们，他的手上有写着从诗里挑出来的词语的卡片，而且要将这些词语还给大家，所以希望每个孩子选出从自己诗中挑出来的词语。

领读者展示出每张词语卡片，询问孩子上面写了什么。当孩子朗读出声时，如果有人喊出"是我的"，领读者便将这张卡片交给对方。假如有两人以上都认为是自己的，领读者就将这张卡片保留到所有卡片都展示完之后。如果有软木板的话，可将该卡片固定在上面，也可以将该卡片上的词语写在黑板上。

像这样将卡片一张张展示给孩子看，并将卡片交到所有孩子手中。

（3）如果有两个以上的参与者认为某张卡片的词语是自己的，或有人找不到符合自己的诗的词语，在经过一轮后，就会有多出来的词语卡片。因此，为了确认剩下的卡片到底是谁的，便重新展示一次，以确认结果。这一次如果仍有孩子找不到"逃走"的词语，就请他在所有人面前朗读自己的诗，再由自己或是在伙伴的协助下，找到诗中缺少的词语。

即使有人选错了词语，领读者还是暂时不要说出正确答案。

（4）活动末尾，每个人将找到的词语嵌入诗中朗读一遍。领读者在此时揭晓答案。当孩子读出错的词语时，领读者加以纠正，并说出正确的词语，让孩子换回写有正确词语的卡片。

（5）也可以事先在卡片上写下诗的作者。如果以领读者说出诗的作者作为结尾，此活动将显得更有广度。

所需时间

若参与人数在十五人左右，则二十分钟以内便可结束活动。会花多少时间，根据人数而定。

孩子感兴趣的程度、投入程度与困难程度

如果孩子能充分理解诗，能以敏锐的直觉找到正确的词语，马上就会变得兴致勃勃起来。另外，若领读者能够利落明快地推进此阅读作战，孩子的兴趣将更为浓厚。

假如孩子的诗歌素养十分有限，或没有阅读诗的习惯，那么活动进行起来将会很困难。

组织阅读作战后的分析与思考

领读者要反省自己活动前的准备与活动中的举止：是否选择了恰当的诗？是否有足够的耐心？是否做到了不将自己的意见强行灌输给孩子，而是与他们一起开心地开展活动？

43. 挑战记忆力：大家的记忆力

解题

此阅读作战方法是在孩子安静读完诗之后,将各自拿到的四行诗,群策群力组合成原本的模样。也就是运用大家的记忆力,互相合作来进行阅读挑战。

参与者

所选的诗歌如果很简单,初一、初二学生就可以作为活动对象。不过,最合适的是初三学生和高中生。

人数并非那么重要,如果诗的行数与参与者人数刚好相符的话,二十五人也没问题。

目标

* 引发与诗相关的记忆力。

* 通过诗的韵律和韵脚进行游戏。
* 习惯亲近具有诗歌特质的阅读内容。
* 引导孩子运用脑力通力合作。

领读者

领读者必须具有足够的相关知识,能引导与诗有关的阅读作战方法。另外,要能够选出与孩子感情相通且符合他们阅读理解能力水平的诗歌。

必要的材料和方法

首先,选择一首长诗,篇幅足以分给所有的参与者每人四行诗句。接着,准备好纸张,以及用厚纸制作而成的扑克牌大小的卡片。

在一张纸上,抄下整首诗,复印与参加人数相同的份数。接着,将这首诗分成各个段落,每个段落四行,分别写在卡片上。如此便完成了准备工作。

实施方法

(1)领读者将参与者集合好,发给每人一张写了诗歌的纸张。给所有人静默阅读的时间,让他们尽可能记住诗歌的内容。

(2)五到十分钟后,领读者将诗歌收回,然后给每人发写着四行诗句的卡片。

给予一点时间,请他们各自阅读卡片上的内容,思考这四行诗句大概出自诗的何处。必须要孩子自己发现才可以。

(3)不管孩子是否找到了这四句诗的位置,时间到了以后,领读者请所有参与者分别朗读卡片上的诗句。在他们朗读时，如果有人认为该诗句和自己的诗句位置相近，便往朗读的人那里移动，按"原诗是这样"的顺序排列。

（4）每个人的位置都固定好后，领读者以抑扬顿挫的声调，朗读写在纸上的整首诗。

站错位的孩子，可在此时移动到正确的位置。

（5）领读者对孩子说："大家一起朗诵诗句吧！"一边留心孩子有没有停顿或打乱诗的韵律，一边让他们按顺序读出自己的诗句——尽可能以背诵的方式。

活动在大家合力朗诵诗句后结束。

所需时间

大约花费一个小时。但如果参与者记不住诗句，致使排列诗句的顺序这一环节花太多工夫，时间会相应延长。

孩子感兴趣的程度、投入程度与困难程度

如果孩子们喜爱诗歌，而且已经有一定的阅读诗歌的基础，他们将会很投入。

假如孩子是被迫来参加这个活动的，又不喜欢诗歌，或者误以为读诗是很蠢的，活动将难以进行。出现这种状况时，领读者有责任让孩子摒弃成见，接受活动内容。

组织阅读作战后的分析与思考

由于活动对象是初中生或高中生,所以领读者需分析自己所选的诗,能否引起青少年的共鸣。

另外,需分析此阅读游戏在开展过程中,自己对孩子的态度如何。在活动中,有时与此阅读作战方法完全无关的因素,也会对活动带来重大的影响。

第六章

以阅读触碰渴望成长的心灵

44. 发现诗人情感：诗人的感受
45. 引发诗歌鉴赏能力：多美的诗啊
46. 找到完整诗作：你和我一起
47. 进入诗的世界：这是我的图
48. 吟诗训练：吟游诗人
49. 思考角色关系：谁和谁
50. 辨识图中人物：在哪里
51. 理解图画：有什么关联吗
52. 诗歌感受力：这次换我了
53. 专注的观察力：仔细地看，看得透彻
54. 抓住角色台词：谁，对谁，说了什么
55. 理解听到的故事：听到什么就照着做
56. 发现诗的价值：诗人的对话
57. 发现诗歌的表现法：用五言绝句来游戏
58. 理解诗歌的节奏和韵律：大家一起重组一首诗

44. 发现诗人情感：诗人的感受

解题

发现某首诗表现的是什么，并为之感动，是享受诗人情感表达的一种方法。如果能深入诗歌的内容，孩子将更能愉快地感受诗歌这种文学作品。此阅读作战方法的目标是，让孩子发现灌注在诗中的诗人情感，因此将标题定为"发现诗人情感：诗人的感受"。悲伤、喜悦、思乡等，诗人的感受是怎样的呢？

参与者

锁定的活动对象是具有探察能力，有办法分析情感，能深入理解阅读内容的孩子。大约为初中以上的学生。

至于人数，如果三个人挑战一首诗，三十人是合适的数目。如果一个人挑战一首诗，十人是合适的数目。

目标

* 唤醒对诗的兴趣。
* 培养分析内容的能力。
* 引发情感。
* 增强团队协作力。

领读者

感受强烈、喜爱诗、对诗有充分了解的领读者。此外,必须具有自制力,能不说出自己的发现。领读者的任务不是要将孩子提升到自己所认定的水平,而是协助孩子达到他们所能达到的程度。

必要的材料和方法

找出容易发现诗人情感的诗,反复斟酌后选出必要的数量,将选出的诗分别写在纸上。假如是三人一组来进行活动,需要将同一首诗分别写在三张纸上。假如一个人进行挑战,一首诗只要写在一张纸上即可。

接下来,准备一张海报大小的纸张,用来写出表现各种情感的词语,例如:喜悦、悲伤、笑、爱等。这些词语只是基准,如果孩子在基准外发现了其他类型的情感,有继续增加的自由。

实施方法

孩子在领读者周围呈圆形集合好。

(1)领读者发给每人一张写了诗歌的纸张。如果三个人挑战同一首诗，那么有三张上写着同样的内容。同样，在所有人都拿到纸张之前，不可以先阅读内容。

（2）写了诗的纸张都发下去之后，告诉孩子默读内容，认真思考上面写了什么。给予他们两到三分钟的时间。

（3）时间到了，指定一个人朗读自己诗的题目。朗读结束，领读者询问其他孩子，有没有人手上拿着同一首诗？请拿到同一首诗的孩子成一组。

像这样按顺序朗读诗的题目，拿到同一首诗的伙伴组成一组。

（4）参与者成组之后，领读者拿出列有表达情感词语的纸张，张贴在所有人都看得到的地方。纸张上面写有诗里所表现出来的，同时孩子也应该能充分理解的表达情感的词语。

（5）领读者告诉大家，阅读拿到的那首诗，一边小声讨论，一边分析诗人在诗里所表现出的情感。

领读者观察孩子进展的状况，给予他们八到十分钟的时间。

（6）领读者再次集合孩子。各组推选代表朗读诗句，并说明该诗表现了诗人什么样的情感（不限于一项）。如同这般依序发言。

（7）所有的组都发言后，各组再一次阅读自己的诗，其他的孩子则发表意见——说出自己是否认为该组发现的情感真的存在于诗中，并说明理由。

最后，领读者将孩子发现的情感进行整理、确认。即使领读者希望孩子发现某种情感，也不能加以补充。

如果此阅读作战方法用一个参与者挑战一首诗的方式来开展，参与者约以十人为宜。

所需时间

时间虽然比较难以预测，但大概可以以五十分钟为目标。若为了避免沉闷，领读者可自行判断，在合适的时间点结束活动。

孩子感兴趣的程度、投入程度与困难程度

对活动的关注度根据以下状况而定：孩子具有哪种与诗歌相关的素养？领读者是否能生动活泼且有技巧地组织活动？另外，这也取决于所选的诗歌长度是否适中，是否易于孩子理解。

组织阅读作战后的分析与思考

领读者必须真诚地反思自己的举止。活动的流程是否顺畅？自己是否做到了认真地聆听孩子回答？

另外，还需分析自己是否收起了自己的情感与价值观来开展活动。

45. 引发诗歌鉴赏能力：多美的诗啊

解题

让青春期的孩子自由地阅读诗，深切地感受到诗"多美啊"，这是我们通过诗歌阅读游戏的教育方式，想孕育出的自由精神之一。当然，某个人所认为很美的诗，对别人而言也可能很无趣。另外，我们会主观地评价自己所阅读的内容，这也是事实。孩子的兴趣，有的上乘，有的粗俗，也有的一般，但如果加以引导——使其明白何谓美，是有可能做到的。然而，个人喜好也必须被视为表达的自由，以及一种对他人心意的尊重。

出于这样的理由，将此阅读作战方法命名为"引发诗歌鉴赏能力：多美的诗啊"。目标是让孩子在领读者选取的诗当中，找到至少一首自己感觉很美的诗。

参与者

以初中生到高中生这一年龄段的孩子为活动对象。不过,如果选择了合适的诗,也可以年龄段较低的孩子为活动对象。

人数应避免过多。为了不使时间拖得太长,以十五到二十人为宜。

目标

* 引发对诗的品味能力。
* 发现诗的多样性。
* 与各种时代背景下的诗人"相遇"。
* 尊重他人的意见。

领读者

领读者必须具有感召力与精准的选择力,并能做好事前准备。

另外,必须能够区别此阅读游戏与文学课程的不同,不能落入"我要教给孩子……"的窠臼。

必要的材料和方法

准备可以选出任何时代诗作的优秀文献清单。

在纸张上写下四到六首诗,复印足够发给所有参与者的份数。诗作不写作者姓名,而是标上 A、B、C 等字母。

供孩子使用的铅笔或圆珠笔。

尽可能准备好黑板或具有类似功能的东西。

实施方法

领读者将孩子聚集在一起，按照以下顺序进行。

（1）发给每人一张写了诗歌的纸张。

给孩子几分钟的时间，供他们好好阅读、思考。

（2）告诉孩子按照对诗作的喜爱程度，依序写下诗上方标注的字母，例如D、A、C……孩子安静地写下字母顺序。

（3）过五分钟左右，所有人都已作出对诗作的评价后，领读者逐一询问各自的喜好排序状况。

此时，黑板上已写好诗的题目，领读者将孩子所说的顺序写在上面，将他们的想法转化为眼睛可见的形式。领读者只书写孩子说出的顺序就好。由于受欢迎的诗一目了然，活动气氛将会变得很热烈。

（4）领读者也可以询问每个人为什么特别喜爱某首诗，并互相讨论。假如领读者能确实做到在活动中不发表自己的意见，孩子应该会兴致勃勃地展开讨论。

（5）结尾时，将所选诗作的诗人姓名告知孩子。假如孩子对某位诗人一无所知，领读者也可以简单聊聊该诗人的经历。

所需时间

根据讨论时间的长短而定。活动中游戏的时间大约四十分钟。如果孩子持续保有参与的兴趣，因重要的发言而讨论热烈，无法暂停，也可以延长时间。

孩子感兴趣的程度、投入程度与困难程度

活动的趣味程度因以下状况而定：诗作的选择方式、孩子前来参加活动的意愿、孩子重视诗的程度。

或许会产生困难的状况如下：孩子不认同诗的价值；不具备足够的诗歌素养；对选出的诗人不感兴趣。假如仅仅勉强孩子阅读几首有限的诗人作品，常常会出现孩子拒绝接受诗歌的状况。

组织阅读作战后的分析与思考

首先要反省的是，领读者本身对诗人的相关知识是否有局限性？姑且不论历经多少世纪，有那么多诗歌被创作出来，而现在我们所阅读的其实只是极少数诗人的作品，因此我们更应该避免只介绍有限范围内的诗人给孩子。

46. 找到完整诗作：你和我一起

解题

若诗作的某一行消失了，将不见的诗句放回原诗中，对中学生来说应该不是难事，特别是拿着该诗句的人就在眼前。这是一个怀抱探究心走入诗的世界、学习诗的韵律及音韵的极佳开端，也正是此阅读作战方法的目标。由于是通过两人一起让一首诗变得更完整，因此取名为"找到完整诗作：你和我一起"。

参与者

以初中以上的学生为活动对象，如果选的诗很恰当，也适用于高中生。

人数必须为偶数，二十个人左右为理想的数目。毋庸置疑的是，究竟多少人最适合，得由领读者根据具体情况加以判断。

目标

* 引发孩子对诗的情感。
* 让孩子深入思考一首诗。
* 激发沟通的精神。
* 孩子能够以恰当的抑扬顿挫的声调毫不胆怯地朗读诗句。

领读者

领读者必须能够协助孩子理解诗的价值，并具有选出最恰当诗作的素养。所选的诗作绝对不能出自教科书。

必要的材料和方法

选诗时作为参考的文献资料。另外需准备卡片，一些用来写一首删掉一行诗的诗作，一些用来写被删掉的那行诗句。如果参与者有二十人，那就准备十首诗、二十张卡片（十张用来写拿掉一行诗的诗作，十张用来写被拿掉的那行诗句）。

实施方法

领读者将孩子聚集在一起，发给每人一张卡片。

（1）发完卡片后，孩子安静地阅读内容。有的孩子会拿到缺少一句诗的诗作，有的孩子会拿到所缺少的诗句。

（2）孩子看过卡片内容后，领读者告诉他们按顺序分别朗读。朗读结束，拿到诗作的孩子往领读者的左侧移动，拿到诗句的孩子往领读者的右侧移动。所有人都朗读过后，两队面对面排好。

（3）拿到诗作卡片的孩子，再次默读，回想先前其他孩子朗读的诗句，思考其中哪句是自己的诗作所缺少的。假如难以回想起来，便请疑似拿到该诗句的孩子再念一遍。拿到诗作卡片的孩子，如果找到了属于自己诗作的诗句，便请拿着该诗句的孩子到自己身边来。拿着诗句的孩子不管对方的选择是对是错，都先不要开口，安静地走过去。此时领读者也不要发表意见。

（4）所有拿着诗作的孩子都找到符合的诗句，与拿着诗句的孩子站在一起后，领读者告诉孩子，接下来两人要一起朗读整首诗。在朗读之前，给他们几分钟的时间，让其小声地讨论该诗句原本放在整首诗的哪部分。

（5）此步骤完成后，拿着诗作的孩子朗读诗，当他朗读到缺少的诗句时，则由拿着诗句的孩子朗读手上的诗句。

领读者一边看着正确的诗，一边聆听，如果出现错误，便告诉他们："有的地方很奇怪，找出解决的办法吧。"

领读者确认所有人的诗都已完成后，便宣布活动结束。

所需时间

根据参与者找到缺少的诗句的速度而定，五十分钟以内应该可以完成。

孩子感兴趣的程度、投入程度与困难程度

趣味性程度根据参与者的阅读理解程度和能力，以及是否了解诗的相关知识，并且是否乐于挑战而定。

另外，也可能因选诗的方式有误，产生无法顺利进行的情况。以

初中生、高中生为活动对象时，请选择能够引起他们共鸣的诗作。

组织阅读作战后的分析与思考

一般而言，大人当中也有人不是那么喜欢诗。如果领读者也是其中之一，请勿表现出自己的这种感受，而是应反思自己是否曾努力地深化对诗的造诣。很多时候，活动的成败，取决于开展活动的领读者能力高低。

47. 进入诗的世界：这是我的图

解题

我们认为应该以符合孩子阅读能力的方法，引导他们走入诗的世界。将四行诗句所组成的诗，与能够类推出诗作内容的图（素描）产生联结的阅读作战方法，就是方法之一。"进入诗的世界：这是我的图"应该是与本阅读作战方法非常贴切的标题。

参与者

活动对象要能够记住简短的诗，要具备重复领读者所说话语的语言能力，例如幼儿或小学一、二年级学生。

参与者并不需要必须理解文字，读完诗作。

至于人数，以领读者能够关照到每个人的状况为限，尽量不要太多，大约二十人或二十五人。领读者要根据孩子们的情况做出决定。

目标

* 引导孩子融入诗的世界。
* 引发孩子的感受力。
* 协助孩子将诗的内容与视觉性的图画产生联结。

领读者

领读者必须对运用诗作来进行活动很有心得,还需要有足够的耐心与幼童互动,知道有哪些与孩子的智能发展相符的简单诗作,且对诗充满热情。

必要的材料和方法

准备诗集,用来选择适于此阅读作战方法、符合参与者数量的诗作。另外必须以选中的诗作为蓝本,在厚纸上画上一幅幅极其简单的图(素描),好让孩子与自己手上的诗作互相联结在一起。

实施方法

(1)领读者将孩子聚集在一起之后,以和缓的速度,为每人朗诵一首四行以内的短诗。然后由孩子们一起复诵,并背下来,即使没背下来,至少也要达到理解诗作内容的程度。每个人按顺序分配到不同的诗作。

(2)当孩子记住或理解自己的诗之后,领读者对所有人说,自己手上有很多图卡,这些图卡分别与他们分配到的诗作相符合。接着,领读者展示一张张图卡,让孩子找出并拿走和自己的诗作相符的那张。按照这样的步骤，所有的孩子都拿到符合诗作的图卡。

（3）孩子们拿着图卡，逐一和领读者一起朗诵自己的诗作，确认诗作内容与图是否相符。

活动结束时，领读者对孩子们说，下次请大家再一起用其他诗来做阅读游戏。

所需时间

根据孩子的记忆力而定，时间有可能会长一些，也有可能会短一些，二十到三十分钟为宜。

孩子感兴趣的程度、投入程度与困难程度

领读者能否制造出活泼的气氛？对于孩子根据自己的基础消化、吸收诗的过程，能否表示理解并耐心地等待？能否选出简单的诗？这些因素都会影响活动的趣味性。

如果孩子是初次接触诗的世界，可能会因不知所措而使活动难以顺利进行。当孩子无法理解诗歌特有的语言时，也会出现同样的困境。

组织阅读作战后的分析与思考

领读者是否能选到合适的诗？是否具有强烈的忍耐力？是否充满热情？是否能够随机应变？这些问题都得从心底好好思索。活动常常会因为领读者错误的自我满足欲而出现挫折、失败的情况。

48. 吟诗训练：吟游诗人

解题

"吟游诗人"所指的并非刻意像古希腊的吟游诗人一般，抱着竖琴吟唱诗句，周游于各城乡村落间。此阅读作战方法的目标是，孩子们能够准确地，或者至少是能恰当地用抑扬顿挫的声调进行阅读。诗可因吟唱的人而变得更美。相反，也会因吟唱的人而减损它的美。

由于是以吟唱的训练为目标，因此定了"吟诗训练：吟游诗人"这个标题。

参与者

"吟诗很蠢"是孩子群中很普遍的一种想法。参与者必须具有克服此种想法的意念，且能够不被"我很不擅长吟诗"的意识所控制住。吟诗是件很美的事，也是一种文化的象征。人们全身心地投入，吟唱诗歌是一种享受。吟游诗人通过感受作者的心而吟咏诗，会更让人沉醉。请领读者根据以上说明，决定由哪些人来当参与者，小学生或初中生都可以。

人数多少非常重要，假如超过三十人，会发生一直无法结束的状况。假如少到十五人以下，将无法产生预期的协调一致的感觉。

目标

* 克服"吟诗时或许看起来很可笑"的恐惧。
* 重视朗诵诗时的抑扬顿挫感。
* 能够体会倾注于诗中的情感。
* 锻炼团队的协作能力。

领读者

领读者需能按照应有的抑扬顿挫的声调来朗读诗，或者要表现出希望达到此目标的意愿。此外需具备感性思维，能选出对参与者来说最适合、最美的诗。

必要的材料和方法

选择符合参与者数量、易于朗读的诗，一首首分别写在纸上。然后准备供参与者使用的纸张与铅笔。如果有用厚纸制作的，用来显示分数的分数卡，则活动效果更佳。

实施方法

将孩子聚集在一起，备齐必要的物品之后，按照以下步骤进行。

（1）递给每人一张写了诗的纸张。所选的诗长度都要差不多。

给予时间，让所有人各自默读诗作，并思考该以怎样的声调朗读最好。

（2）告诉大家要依次朗读诗作。某个人朗读时，其他人要为他打分数，并在最后计算谁的分数最高，所以大家都要认真聆听朗读。在"吟游诗人"朗读结束时，分数的记录也结束了，可以记录在写了诗的那张纸上，也可以记录在别的纸上。分数是秘密，不要说出来让别人听到，也不要被旁边的人看到。

（3）所有人都朗读过后，再公开分数。领读者说出诗的题目，代替说出朗读该诗的孩子姓名，以此方式询问所有人为该诗打的分数。

（4）如果希望公布分数时气氛更火热，领读者可将事先准备好显示了一到五点的卡片，交到大家手上。询问某首诗得到几点时，就像电视中猜谜节目常出现的场景，让孩子高举分数卡。

（5）统计分数，公布获得最高评价的"吟游诗人"。

朗读者本人不能给自己打分数。

所需时间

根据参与者的人数和诗的长度而定。选用的诗以短诗、十四行诗等较为合适。如果只能找到长诗，选用其中的一部分就好。

建议不超过一个小时。

孩子感兴趣的程度、投入程度与困难程度

孩子对于活动的关注程度的高低，取决于其对诗的喜爱程度和吟诗的不擅长程度。如果能在实践过各种诗的教育计划后，再进行此

阅读作战方法，孩子们将不至于感到自卑或尴尬，也不至于认为吟诗很困难，而是能积极地进行挑战。

如果孩子兴致不高，觉得吟诗是件艰难的差事，那么，活动便无法顺利进行。

组织阅读作战后的分析与思考

领读者必须从诗的观点出发，为自己的态度打分数：是否为此阅读作战方法做了充分的准备？第一要务是，领读者本身能否排除对吟诗的畏惧感。通过此阅读作战方法，是否增加了自己对诗的好感。不管以上哪一项都是评价活动的重要条目。

49. 思考角色关系：谁和谁

解题

　　作家创作故事或小说时，对于要让哪个角色在哪个场景中登场，以及此角色为什么要在该处出现，都有明确的理由。尽管有重要程度的差别，但每个角色都有存在的理由。此外，角色彼此有关联，其关系是时刻变化的。有时候，也会有部分角色从属于其他角色的情况。这个阅读作战方法就是从各个角色具有层层叠叠关系的观点出发，深入挖掘作品内涵。就如同标题所显示的，思考"谁和谁"具有什么样的关系。

参与者

　　以初中生和高中生为对象。如果能认真地深入文本挑战，此阅读作战方法将会成为文学批判的启蒙方法。

人数避免过多,十五到二十五人最为合适。但如果领读者认为自己可关注到每个参与者,三十人也可行。

目标

* 习惯于深入挖掘式的阅读。
* 在了解整体的状况后,找出角色具有的价值。
* 针对角色多重的关系,能够有逻辑地加以思考。
* 发现论证的力量存在于话语谈论间。

领读者

领读者必须经常阅读,具备文学素养。此外,必须尽量避免出现"阅读指导者"般的行为,而是要守护孩子,让他们依靠自己的力量,自由地去发现。领读者所应该做的,只是隐隐地制造出一条轨迹而已,即掌握好阅读游戏的方向,开辟出一条可任由孩子自由思考的道路。

必要的材料和方法

足以供所有参与者事先阅读的书籍。

另外,必须准备黑板或具有类似功能的物品,用来书写角色的姓名,以及与故事有关的人际关系变化图。若能准备好各种颜色的粉笔或白板笔,将会十分便利。

实施方法

在孩子阅读过选定的书籍后将他们聚集在一起,坐在可以看到黑板的地方。

（1）领读者带孩子回想书中的内容，包括情节概要、角色的立场、最引人注目的情节等。避免花费太多时间，应在十到十五分钟内结束。

（2）呼吁大家合作，在黑板上写下记住的角色姓名。由孩子列举出姓名，领读者写在黑板上。

（3）写完姓名后，寻找角色之间存在什么样的关系。从朋友、亲人、学校、年龄、性别、工作、住处、社会性条件、行为、思想、兴趣等层面出发，整理后将角色组成对或分成组。

（4）划定了人物所属的团体，互相连接起关系后，找出不属于任何一个团体的角色有几个，这些角色是谁，并重新审视他们是否能够被划归某一个团体。如果可以，可划入的团体是哪个？如果不可以，原因是什么？

（5）思考：为什么所有的角色要出现在同一部作品中？是什么连接起所有的人？他们共同的目的是什么？该目的就是角色牵连出重重叠叠关系的原因吗？

（6）思考如果将某人排除在小说之外，谁可以被排除，原因是什么？没有了这个人，小说能够成立吗？

不多作结论，便结束活动。让结论留在每个参与者的心中。

领读者告诉大家近期将通过其他作品开展阅读游戏，也可以告知大家预定的日期与书名。

所需时间

花费必要的时间。小说中角色众多的话，会花费比预计多的时间。

在孩子们很想从作品中有所发现的状况下，可能会使用整整一个小时。

孩子感兴趣的程度、投入程度与困难程度

孩子感兴趣的程度，根据角色的真实感程度和参与者的分析能力而定。如果参与者的分析能力很强，活动的气氛会变得活泼又热烈，且变得十分有趣。

一旦孩子的阅读方式停留在表层上，或领读者选择的书籍不合适，便会发生无法顺利进行的状况。

组织阅读作战后的分析与思考

领读者能否做到以足够的耐心，等待孩子自己发现角色的种种？能否激发出孩子的兴趣，并使其得到延续？还有，领读者能否做到不将自己的判断标准与发现强加在孩子身上？

50. 辨识图中人物：在哪里

解题

　　这个阅读作战方法的目标在于让孩子将注意力放在图画上，也就是"好好地看，看得到"。此外，还要能认真地观察所描绘角色的态度，并能够判断出他是什么样的人，正在做什么，这个阅读游戏可引导孩子发现拿到手的角色是故事中的哪个人物，同时将自己发现与了解到的东西，与同伴分享，展开想象力。

参与者

　　以小学一、二年级学生为活动对象。此年龄段的孩子尚且留存着幼儿时期特有的想象，也拥有根据某种状况加以推理，以及创造故事的能力。

　　参加人数在三十到三十三人之间为宜。

目标

　　* 能够认识图中所描绘的人物。

　　* 启发想象力。

　　* 乐于欣赏图画。

　　* 与同伴分享自己的意见,并能接受他人的意见。

　　* 遇到不清楚的地方,能够提出问题。

领读者

　　领读者要具备活泼开朗、创意十足的特质,且对于该年龄段的孩子有充分的了解。参与者出现难以说出答案的状况时,领读者也要有十足的耐心,等待其作答。

必要的材料和方法

　　首先,选出一张景况变化多端的丰富图画,其中包含各种活泼地从事着不同活动的角色。图画可以是印刷在纸上的单张图画,也可以是儿童杂志或书籍里的插画。重点是其中要有十五到二十个人物。

　　接着,领读者要根据各个角色的年龄和特质为其命名。例如孩子就是"小××",大人就直接称呼其姓名,重要的人物则是"先生或女士",年长者为"××奶奶""××爷爷"。如果图中有动物,不管狗、猫,还是小鸟,当然也要为它们取合适的名字,不过为了避免与人类混淆,不要替动物取人的名字。

　　两个人共用一张图画,准备好符合参加人数的数量。如果要将图画张贴在墙壁上,一张便足够。

　　此外,为了使坐在裁判桌的孩子执行其任务,领读者要将角色的姓名，以及每个人物所处的位置，制作成一张一目了然的简图。其他任何人都不知道这张图的存在，仅裁判能够当场看到图。

实施方法

（1）孩子呈半圆形集合好，在距离半圆中心稍远处放置裁判桌。

（2）进行阅读游戏时，让每个人手中都有一张图，或上面有这张图的书或杂志。如果做不到每人一张，至少两人一张。如果是大尺寸的图，则张贴在墙壁上。

（3）领读者事先准备好包含图中人物姓名的卡片。卡片上写着："××（为图中人物取的姓名）在哪里？"同样内容的卡片要制作两份。领读者将卡片发给每人一张，但卡片数量要比参与者人数少两三份，没拿到卡片的孩子便和领读者一起担任裁判。

（4）所有人一边看图，一边讨论图中所描绘的景象。例如看到了什么？故事舞台是哪个国家的哪个地方？图中人物所做的事，你是否也做过呢？你喜不喜欢这张图呢？领读者在不提及角色的状况下，询问孩子根据图中描绘的状况所能想到的所有事，但必须避免令孩子感到疲惫。

（5）讨论结束，领读者下发姓名卡。没有拿到卡片的孩子，和领读者一起到裁判桌那里担任裁判。

裁判的工作只有一项：手上有卡片的孩子，为了寻找、确认自己拿到的卡片上的人物，就他们在图中究竟处在哪种情境下、是什么人提出疑问，裁判负责回答"对"或"不对"。

为了让裁判确实完成裁判的任务，领读者将准备好的人物简图摊开，放在裁判桌上。

（6）拿到同样人物的孩子，两人一组，在领读者的指示下开始对裁判提问，但是只能一人问一题，也就是一组问两题。如果能有技巧地提出问题，将会确实有效地掌握关键线索，找到该人物究竟在何处。当孩子提问的方式太拙劣时，裁判可认定该提问无效。

（7）当所有人都提出问题并有了答案后，便可结束活动。假如在孩子未感到疲惫的状况下，仍有时间找出模样相似的人物，玩"想想谁和谁是亲戚"游戏，用以展开一定范围内的想象，也是可行的。

所需时间

根据孩子推理的速度，能否答出手上卡片的人物是为图中哪个角色而定。四十到五十分钟的时间是必要的。

孩子感兴趣的程度、投入程度与困难程度

替角色取的姓名太简单或太难，都将导致活动无法顺利进行。

此外，如果孩子无法对裁判提出好问题，活动也将进展困难。

组织阅读作战后的分析与思考

领读者要真诚地反省自己，例如：是否做了充分的准备？是否能够沉稳地实践此阅读作战方法？是否能让孩子自由地发问而不强加干涉？

51. 理解图画：有什么关联吗

解题

此阅读游戏的目标为，将孩子的注意力导向图画，让他们认真思考图画表达了什么。根据积极地向"读图"这一目标靠拢来说，此阅读作战方法与"专注的观察力：仔细地看，看得透彻"属于同一个系列。

由于这个阅读游戏是为了找出图画所表现的场景和对象的相似点，因此定了"理解图画：有什么关联吗"这个标题。标题的内容，也会成为领读者逐一询问孩子的问题。

参与者

如果孩子具有阅读并理解图像的能力，便以小学一、二年级学生为活动对象。此外，此阅读游戏对小学三、四年级学生也会产生效果。

此活动可以允许较多的孩子同时参加。

目标

* 引发注意力。
* 锻炼观察力。
* 通过深入思考，能将有关常识性事物的看法内化为自己所有。

领读者

领读者必须习惯和年纪小的孩子相处。如果领读者具有幽默感，此阅读游戏也将变得充满乐趣。如果孩子对卡片上所描绘内容的相关评价，超越了常识的范畴，领读者必须采取果决的态度作出判断和处理。

必要的材料和方法

首先，从书中选出一张插图。活动期间，刊载了此张插图的书籍，必须每人一册，或至少两人一册，放置于孩子手边。如果插图并非选自书籍，而选自杂志或采用单张图画，除了将海报尺寸的图画张贴于墙壁外，参与者同样需要一人或两人共享一份杂志（单张图画）。

此外，需准备符合参与者人数的卡片。卡片分别画或写上不同的对象，如果参加的孩子还不识字，便画上图画；如果参加的孩子已经识字，便以文字书写。为了使对象的变化足够大，所画或写的东西，不仅要有和插图场景互相协调的东西，还要有和插图场景完全没关系的东西。例如：假如是冬季场景，与其相协调的物品是外套或雪地游戏用的道具；与其没关系的东西，则是和其他季节有关的物品。但如果场景所画的是室内，就再画上室内与室外的相关物品。

实施方法

（1）领读者把孩子聚集在一起，围成一个大圆。

（2）插入了游戏中将用到的图画的书籍，尽可能准备人手一册的数量。如果册数不足，至少两人一册。

（3）领读者一边说明所选的图画表现了哪种场景，一边与孩子进行讨论。别忘了要仔细聆听孩子的想法。

（4）讨论足够热烈，孩子也已对接下来要讨论的场景有把握后，领读者发给每人一张卡片。发完卡片，领读者告诉所有人，好好地看看自己手上的卡片写了或画了什么，并指定一位孩子，询问他："你的卡片上写了或画了什么？"被指定的孩子回答后，继续问："上面所写或画的东西，与刚刚大家所看到的场景，有什么关联吗？"对方如果回答"有"或"没有"，则进一步询问："为什么有关联呢？"或"为什么没关联呢？"

领读者就这样，按顺序逐一询问每个人对不同对象的意见。此时，对于不同于一般的想法或其他孩子的反对意见，采取接纳的态度也无妨。不过，假如是脱离了常识的反常意见，就不能加以认可。

所有人都发言完毕，便可结束活动。

所需时间

根据参加孩子的数量而定，假如是三十人以下，三十分钟便已足够。

孩子感兴趣的程度、投入程度与困难程度

如果能将插图的场景，与手中卡片所画或写的东西互相联结起来，以及如果能够做到认真聆听伙伴们的发言，孩子们将会感到兴致盎然。

如果所选图画的场景很模糊，不容易让人理解它想要表现什么，卡片所写或所画的东西不够清楚，或者参与者的注意力不集中，此阅读活动很可能会失败。

组织阅读作战后的分析与思考

领读者首先应反省自己有没有维持好秩序，活动气氛是否足够活泼，是否有让活动拘泥于形式而显得沉闷无趣的情况。另外，还得反思在聆听孩子的意见时，自己有没有将那些根据常识便可判断与图画场景完全无关的东西，误认为是对图画有所帮助的东西。

52. 诗歌感受力：这次换我了

解题

　　此阅读作战方法的目标是，让孩子能品味诗、诵读诗、亲近诗的韵律和音乐性。

　　将诗作一句句拆解开来，发给不同的孩子，分到诗句的孩子分别找出该诗句位于诗作的何处，靠大家的力量一起重组回原样。因此，将标题定为"诗歌感受力：这次换我了"。

参与者

　　以小学一、二年级学生为活动对象。当然，如果找得到合适的诗作，可不问年龄。

　　以孩子为对象时，为使诗作重新排列回原样的难度不至于过高，人数必须有所控制。将十五行至二十行的诗作分发给同样数量的参与者，应当很适宜。

目标

　　* 引发孩子的诗歌感受力。

　　* 大家一起大声诵读诗作。

　　* 习惯诗的节奏与韵律。

　　* 培养记忆力。

领读者

　　领读者必须喜爱诗,能将诗性词句的美好传达给孩子。此外,必须能够选择出适合孩子阅读水平的诗作。

必要的材料和方法

　　一首诗其行数要符合参与者人数。

　　准备写着诗作全部内容的纸张,数量与参与者人数相同。

　　扑克牌大小的厚纸卡。将诗作拆分成一句一句,分别写在每张卡片上。

实施方法

　　(1)领读者聚集孩子,让他们围成一个大圆,将写了选诗全部内容的纸张,发给每人一张。一边分发,一边告诉孩子们读诗像读故事一样,会很有趣而且很重要。接着,请他们各自默读所分配到的诗。

　　(2)两三分钟后,引发大家出声诵读。此时,领读者也一起诵读。

　　(3)阅读结束,收回该纸张。接下来,发给每人一张写了从完整诗作拆分出来的一句句诗的卡片。

给予少许时间让孩子看看卡片上的内容。

（4）孩子们都理解卡片上的诗句，并默读完毕后，领读者请拿有写着该诗作第一句卡片的孩子，朗读该句，并走到领读者的旁边。

随后，拿着第二句、第三句等诗句的孩子按照顺序朗读并排成一行。

弄错而排入队伍的孩子，此时不要加以纠正，而是按照他们的想法排列队伍。

如果诗作中有重复出现的诗句——此种状况很常见——拿了相同内容卡片的孩子，在商量后决定由谁先出来排队，其余的孩子则等待该诗句接下来出现的时机。

（5）所有人都排好队伍后，领读者朗读正确的诗作，孩子们各自确认自己所在的位置是否正确，如有必要，移动到正确的位置。

（6）在所有人都重视朗读节奏的状况下，按顺序大声诵读自己卡片上的那一行诗句。此时，孩子们再次确认队伍是否排列正确，是否将诗作完美重组了。

这时候，领读者宣布活动结束，让孩子解散。

所需时间

依状况而定，如果是简单的诗作，将不会花费太多时间。

孩子感兴趣的程度、投入程度与困难程度

如果孩子完全没有接受过诗的指导，无法记住一开始读过的诗作内容，无法明快地往前推进活动，那么此阅读游戏的展开将会遇到

困难。

如果选择了适合孩子阅读理解能力水平的诗作，孩子能驾轻就熟地进行游戏，此活动将会十分有趣。

组织阅读作战后的分析与思考

能否在不出现冷场的前提下，不疾不徐地、有技巧地推展活动？此外，领读者能否做到不说多余的话，而是完全让孩子去解决问题？以上两点请加以分析。

53. 专注的观察力：仔细地看，看得透彻

解题

"仔细认真地看"这项能力，是重要的资源，具有自孩子幼儿时期就加以引导开发的价值。尽管有的孩子不需给予特别协助就具备这样的观察能力，但却是少数。

此阅读作战方法的目标便是引发这种能力，也就是培养孩子精确的观察力，让他们有办法从一张图中，尽可能找出许多东西。

由于采取"图画阅读的方式"，所以定下"专注的观察力：仔细地看，看得透彻"这个标题。

参与者

主要以幼儿园的孩子，以及小学一、二年级学生为活动对象。如果能够准备符合人数的图画书和纸张，三十人以上的人数也可以。

目标

* 促使孩子专注地阅读图画。
* 引发情感。
* 发展孩子的观察力。

领读者

领读者必须热切地接受孩子发现的事物，此外，要有办法使图画这类静态的东西活起来，并且具有不易受外界事物的影响、有耐心、性格明朗、具有创造性等特质。

必要的材料和方法

最重要的是，选择一幅合适的插画。该插画必须能细腻地描绘出故事中的人物、物品以及景色的细节。除了书籍上面的插画外，也可以选择每位孩子可各自拿在手上的图片。

此外，为引导孩子从图画中有所发现，必须准备用来作为引子的问题。例如："狗在哪里？""它是趴着还是站着？""图上有玩具吗？""是什么样的玩具？""在哪里？""有三个小孩子呀！那三个小孩子在做什么？"

实施方法

领读者把孩子聚集在一起，对他们说："接下来，我们要玩一个游戏，把一张图片或一幅插画里的东西全都找出来。"

（1）发给所有人同一张图。接着给孩子几分钟，让他们各自安静地看图，并告诉他们要留意图中所有的东西。

（2）估算他们应该都已看清楚图中的东西后，开始提问画中的细节，例如："这张图画了什么？""睡着的狗在哪里？"此时，不只是询问具体的事物，也要询问抽象的事物，同时提出问题，让孩子思考图中描绘的人物其内心感受。例如：图中画着拄着拐杖的老爷爷，便可以问："他怎么了？"

（3）问过一轮后，将孩子的视线从图画转移至实际日常生活中。比如："你家旁边也有很多人家养狗吗？""你怕狗吗？"只要是能够从图画飞跃到现实世界的任何问题都可以。

所需时间

由于以年龄段低的孩子为活动对象，所以必须控制现场情况，别让他们感到厌烦、疲惫。

孩子感兴趣的程度、投入程度与困难程度

图画带来的印象有多愉悦，孩子的兴趣便有多高，所以选出一张合适的图画非常重要。如果孩子无法集中精力、静不下来，活动便难以顺利进行。

组织阅读作战后的分析与思考

请考虑孩子们的年龄以及他们身处的社会环境。由于并未使用到故事，必须用极致的想象与趣味来丰富和充实故事。假如能够顺利做到这点，此活动将会变得十分充实。

54. 抓住角色台词：谁，对谁，说了什么

解题

故事中有运用人物对话为中心来铺展情节的手法，阅读这样的书，如果能抓住角色的台词，便能理解其中的内容。

由于此阅读游戏是在阅读时留意"抓住角色台词：谁，对谁，说了什么"，以此直击小说核心，因此定了这样的标题。

参与者

依此阅读作战方法的性质而言，从小学生到高中生，不管什么年龄段的孩子，皆可作为活动对象。至于对象究竟是什么年纪，根据所选用的书籍而定。也就是说，如果是简单的故事，小学生也可参加，如果是复杂的小说，则以高中生为对象。

人数控制在三十以内。

目标

* 深入故事的核心。
* 专注地追踪故事的脉络。
* 理解故事角色的生活方式和态度。
* 阅读后引发出批判能力。

领读者

领读者必须能够选出故事角色所说的决定性台词,以及使故事变复杂的难懂的台词等。

必要的材料和方法

首先,要准备足够的故事书或小说,供所有参与者阅读。

随后,选择符合参与者数量的人物台词,分别写在卡片上。不要随意更改文章内容,而是如实抄写。如果会忘记究竟谁说了什么台词,领读者可以花点时间记录在自己的笔记本上,这样会比较方便。

实施方法

此活动当天并不会翻阅书籍,也就是在参与者没有带书的状况下举行。孩子于指定日期聚集好之后,围成圆圈坐下,按下列步骤展开活动。

(1)领读者首先用几分钟的时间,和孩子们聊聊大家已经阅读过的那本书。此时,避免触及故事人物的相关情况或孩子们扮演的角色。

任其自由讨论,由此可明白孩子们对此书的哪些地方感兴趣。

（2）发给每人一张台词卡。一边发，一边说明上面写的是书中某角色说的台词，并告诉他们想想那是"谁对谁"说的话。随后，给予时间让孩子找出答案。此时，告诉他们不要聊天。如果想找到答案，每个人都需安静地思考。

（3）开始游戏。时间到了，领读者指定一个人朗读台词卡，并提问他，那是哪个角色对谁说的台词。如果答对，进一步请他说明是在什么情况下说出的台词。如果答错，询问哪位孩子知道答案。如果答案还是不对，由领读者揭示答案。像这样，请孩子一个接一个朗读，聆听其回答，如果没有人知道答案，由领读者解答。

（4）一轮过后，领读者跟所有人讨论书的阅读方式。通过审视台词，对该角色的印象是否变好了？不管是否对这本小说产生共鸣，孩子是否因为阅读的喜悦而改变了对它的感受？换言之，大家一起来聊聊，是否由于此阅读游戏而变得比先前更喜欢这本书了。

（5）假如参与者的年龄段较高，询问他们下次活动想选哪一本书，而后作总结。

所需时间

如果故事简单，活动对象是年纪小的孩子，三十到四十分钟便可以完成。如果以初中生或高中生为对象，则难以预测时间。从以往的经验来看，如果他们感兴趣的话，会想延长讨论的时间。

如果是在课堂中进行，使用的时间自然有一定的限度。

孩子感兴趣的程度、投入程度与困难程度

参与者属于哪种群体，具有什么样的性格？采取了什么样的阅读

方式？活动选了什么样的作品？以上种种因素，都可能使活动朝好的方向或坏的方向走。

此外，领读者的态度和引导方式也会有影响。

组织阅读作战后的分析与思考

如果孩子出现感到无聊或过于吵闹的现象，领读者就应该先回顾自己的引导方式。或许领读者本身满怀兴致和热情，却没办法好好地引导活动往下进行。

如果出现这种状况，就有必要思考选书的方式是否有问题。

55. 理解听到的故事：听到什么就照着做

解题

　　听某个人讲话是件简单的事，然而听明白他到底说了什么却不容易。即使是在封闭的空间通过麦克风传来的声音，也总是在我们想认真听时，发现对方已经说完，这样的体验应该每个人都有过吧！可以说，听见声音与听懂内容是两回事。"听懂内容"是一种人们并不易具备的能力。

　　此阅读作战方法的目标是，引发孩子在听到他们所"听见的声音"时，就理解其实质内容（在活动中指领读者朗读出来的故事）的能力。

参与者

　　以幼儿园孩子或小学一、二年级学生为活动对象。

　　如果领读者能有技巧地进行活动，人数多少都无所谓。

目标

* 引发注意力。
* 引发聆听能力，理解所听到的内容。
* 重视故事中的各种情况。

领读者

领读者必须选出符合此阅读游戏，且包含了人物动态的故事。

为了能够生动活泼地开展此活动，领读者还必须具有丰富的想象力和爽朗的个性。

必要的材料和方法

几乎没有需要准备的东西。只需所有孩子都能理解一个具备文学之美的故事。

如果准备了黑板，在上面标示教室的某一处是假想中的一个故事场景，将更便于孩子行动。

实施方法

领读者向孩子们说明，接下来大家要一起听故事，例如：这是个逐步发生在田野、国王城堡和百姓家中的故事。随后，告诉他们将教室假设为故事的舞台，并通过图示让他们知道要将哪里当作田野，哪里当作国王的城堡，哪里当作百姓的屋子。接着，说明故事中各式各样的角色，请他们分别扮演其中的角色。当领读者开始朗读故事后，扮演某角色的人，就按照故事中该角色的举止来行动。

（1）决定参与者分别扮演哪个角色，请故事开头的各个人物到他们应该待的地方。

（2）缓慢而清楚地开始朗读。虽然要抑扬顿挫地朗读，但不要像演戏一般。我们的目的是要孩子能清楚听到，而不是为了演戏。

像这样，孩子们按照听到的内容展开行动，故事随之往后推展。

（3）朗读完故事后，孩子们集中到领读者身边，一起发表对这个故事的看法。此时，让孩子自由讨论，领读者则要时时留意，专注聆听他们的意见。讨论完毕，活动也随之结束。

所需时间

只花费所需的必要时间。假如不是太长的故事，二十五到三十分钟便已足够。

孩子感兴趣的程度、投入程度与困难程度

如果故事中的出场角色数量足够多，故事本身具有文学之美与趣味，孩子能充分理解所听到的东西，活动将会很有趣。

假如有的孩子无法灵活地行动，或者故事无法激发孩子的兴趣，活动开展起来就会有困难。

组织阅读作战后的分析与思考

特别是在以年幼的孩子为活动对象的状况下，领读者是否具有巧妙的引导能力，对此阅读游戏而言十分重要。请回顾活动是否在愉悦的气氛下进行，孩子们是否乐在其中。

56. 发现诗的价值：诗人的对话

解题

在小学生和中学生里，有些孩子会对诗显示出拒绝的态度。尽管抗拒，这些孩子中却有人对诗完全不了解。然而，教师却希望引导孩子进入诗的世界。对于期盼孩子爱上诗、亲近诗的教师来说，此阅读作战方法可作为他们努力的后盾。由于这是两人一组以对话方式朗读诗的游戏，因此定下这样的标题。

参与者

如果找到简单而有趣的诗，小学生也可以参加。如果选择了复杂的诗作，则以初中以上的学生为对象。

领读者视孩子的情况判断其是否适合此阅读游戏。

由于是两人一组来朗读诗，所以参加人数应为偶数。

目标

* 发现诗的价值。
* 在朗读诗时好好感受，克服朗读的恐惧。
* 强化与同伴的合作关系。

领读者

领读者必须喜爱诗，具有将诗的美好传递给人们的热情。此外，还必须理解对激发情感与感受力而言，诗具有多么大的效用。

还有，领读者必须能够选出能触动孩子内心的诗作。

必要的材料和方法

能让两两成组者诵读的对话形式的诗作，以及交互诵读时，犹如对话般的诗歌选集。如果能从幽默诗人的作品中进行选择，只要能搜寻各个时代的作者，将会选到适合此阅读作战方法的诗作。

由于是两个人诵读一首诗，所以需要参与者一半数量的诗作，也因此需要将每首诗分别誊写在两张纸上，以便在活动时把同一首诗交到两个人手上。誊写时不要忘了诗的题目。如果该诗作没有题目，以诗的第一行来代替。

另外，还需要一块黑板。

实施方法

将孩子集合好之后，告诉他们接下来要通过诗歌来做阅读游戏。让孩子手上都有纸张和圆珠笔，然后按照以下步骤进行。

（1）发给每人一张写了诗的纸，告知他们随后要进行诵读，因此给予时间让他们默读。

（2）请每个人朗读自己手上诗作的题目，并告知他们，接下来要分为两人一组，所以，请仔细聆听有没有人跟自己的诗作题目相同，如果有，请记住是谁。

（3）题目都朗读完毕后，拿到同一首诗的孩子，两两成组。领读者告知大家，接下来每一组的两个人要像对话一样，交互诵读一首诗。给予十到十二分钟的时间，让每组的孩子商量两人如何分工，并练习诵读。

（4）练习结束，开始诵读。领读者告诉第一组的两人，读出诗题后，大声地朗读诗。

同时，由于孩子们最后要投票给诵读得最好的诗，因此领读者要告诉他们，得用心记住题目。领读者也需在黑板上写下题目。

（5）所有人都诵读结束后，孩子们各自在纸上写下自己最喜欢的诗作题目，折起来交给领读者。领读者指定某一组朗读投票的结果，并加以计算。

完成投票后，活动随之结束。

所需时间

所需时间因参与者是小学生还是中学生而产生差异。如果是小学生，请控制在四十五分钟以内。如果为中学生，超过一个小时也无妨。

孩子感兴趣的程度、投入程度与困难程度

如果诗选得巧妙，孩子诵读得十分流畅，所有人都能专注地聆听其他人诵读，那么，活动将会十分有趣。假如孩子欠缺诗的素养，

感受不到诗的魅力，那么，活动开展起来将很困难。

组织阅读作战后的分析与思考

领读者要认真严肃地回溯，自己是否做到了顺着此阅读作战方法的走向，以适度的节奏来推展活动。孩子会因某些理由（不喜欢诗、没读过诗、读不来、无法理解、讨厌该主题等），无法随着此走向走，请加以克服，并且要让活动始终充满活力。

请思考，此阅读游戏开展前，是否应让孩子先参加几个更简单的关于诗的阅读游戏。

57. 发现诗歌的表现法：用五言绝句来游戏

解题

　　此阅读作战方法的目的在于，借助五言绝句所蕴含的诗的魅力，以自然的形式来开展阅读游戏，同时，将孩子对诗的阅读能力往上提升一级。

　　五言绝句就是一句五字，一共四行的诗，它是唐诗的一种形式。它往往具有纯粹化的语感和独特的趣味。

参与者

　　小学以上，任何年龄的孩子皆可参加。即使是以大人为活动对象，也可以获得非常好的效果。借助五言绝句来进行阅读游戏的人数，请控制在三十人以内。

目标

　　* 让孩子亲近诗。

　　* 引导他们发现诗的表现法。

　　* 一边进行语言游戏,一边培养创造力。

领读者

　　领读者必须具备能力,有办法巧妙地激发参与者投入其中的意愿,另外,必须能选出适合参与者、具备丰富表现力的五言绝句。如果领读者是个容易被诗感动、喜爱诗的人,便可期盼获得更好的成果。

必要的材料和方法

　　准备符合参与者数量的扑克牌大小的卡片,一张卡片写一首诗。不过,每首诗中的一个重要词语或字留空不写。如果能在卡片上事先按顺序编上号码更好。事先在卡片上写下五言绝句,在活动时发给参与者每人一张。此外,需准备用来书写参与者所想出词语的黑板,或具有类似功能的物品。

实施方法

　　将卡片准备好之后,按照以下步骤进行。

　　(1) 请孩子围成一圈坐下,发放卡片。一边发卡片,一边指出每张都写着一首五言绝句。

　　孩子各自默读卡片上的内容。领读者告知他们,想一想该诗中缺少的字词,然后填入最适合的字词,完成该诗。

　　此时,领读者要注意孩子们是否保持安静。尽管只是想出一个词语的短暂时间，也必须确保安静。在安静的气氛中，领读者留心观察孩子对自身有何发现，以及如何运用思考力。

（2）估计所有人都想出填空的那个词语后，领读者指定一个人，请他朗读出来，并提问他将补上哪个词语。领读者将该孩子的诗所属的号码写在黑板上，下方则写上他所嵌入的词语。

（3）轮到旁边的那位孩子，领读者提问他，前一个孩子的诗句有没有其他更适合嵌入的词语。如果有，在黑板上原先写下的词语后加上新词语。

随后，这个孩子朗读自己的诗句，并说出他想嵌入的词语。和前一个孩子一样，领读者将他的诗句号码，以及最后的那个词语写在黑板上，并询问下一个孩子有没有其他的想法。按照此种方式，所有人都轮过一回。

当大家自由地将所选词语嵌入到诗句时，由于有两种意见，句子将因此更显充实、丰富多彩。领读者更可在所有人发言完毕时，询问大家，到现在为止出现过的诗句中，有没有人想到其他更好的相关词语。如果有人提出意见，在黑板上加入该词语。一旦有孩子具备敏锐的诗歌感悟力，游戏将会得到进一步深化。

（4）领读者揭晓原作者所用的词语，并结束活动。

所需时间

花费所需的必要时间，掌控（课堂）的标准是不至于让参与者感到无聊或疲惫。

孩子感兴趣的程度、投入程度与困难程度

　　如果能以适度的节奏往前推进，应该会成为极富兴致的趣味作战。特别是当出现了意想不到或惹人发笑的词语时，气氛将会变得更加火热。如果孩子的词汇贫乏，活动可能会因此出现凝滞受阻的状况，造成冷场。

组织阅读作战后的分析与思考

　　不管是哪个阅读作战方法，领读者都要贯彻引导的角色，不可喧宾夺主。"用五言绝句来游戏"这一阅读作战方法，更需要注意这一点。原因就在于，一旦参与者一直说不出词语来，领读者就会给予提示，若想方设法要让他答出来，就会造成强迫、催促孩子的现象。为此，领读者首先必须分析的是自己能否做到不慌不忙、沉着冷静、极具忍耐力地引导孩子们游戏。此外，所选的五言绝句是否易懂、是否符合孩子们的阅读能力，有哪些在下次开展活动时需改进等，这些问题也应加以思考。

58. 理解诗歌的节奏和韵律：大家一起重组一首诗

解题

　　假如初中以上的学生手边有被拆成两行的一组组诗，他们应该能够重新排列，将其重组回整首诗原本的模样。如此看来，此阅读游戏具有值得一试的价值！此外，如果能以"理解诗歌的节奏和韵律：大家一起重组一首诗"为标题的阅读游戏作为尝试的契机，让孩子爱上诗，那该多么棒啊！

　　一位诗人说：不管谁的内心深处，都悄悄埋藏着诗心。既然如此，何不试着唤醒孩子那沉睡的诗心呢？

参与者

　　以初三学生到高中学生为活动对象。

　　人数在三十人以内。

目标

　　* 随着诗的节奏和韵律游戏。

　　* 唤醒对诗的关注。

　　* 促成同伴间的合作。

领读者

　　领读者必须牢牢记住自己对诗的世界所产生的共鸣,并且有办法唤醒孩子对诗的好奇心。

必要的材料和方法

　　准备厚的长方形纸卡,用来将所选诗作(一首或数首)的诗句,两行两行写在上面。为了使全体参与者都看得清楚,书写时请用粗的签字笔。所选诗作的数量根据参加人数而定。请选择易于分成两行两行,且易于参与者理解的诗。

　　另外,需要准备写上诗作题名的卡片。每一首诗,都要根据重组诗作的人数,分别制作等量的诗歌题目卡。例如:如果是十四行诗,因为分成两行两行,所以要由七个人来重组,那么,便准备七张写有诗的题目卡。

实施方法

　　领读者将所有的诗句卡排列在桌上,或是用图钉钉在软木板上,然后根据以下方法展开活动。

　　(1)首先将诗的题名发给孩子,指示拿到同一张卡片者为同一组。

组内的成员互相讨论，找出有必要重组的诗句。此时，由于桌上或软木板上已经排列了所有诗作的诗句卡，能否选出正确的诗句卡，将决定活动能否顺利进行。

（2）找齐必要的诗句后，一边仔细留意诗句是否排列在正确的位置上，一边由两人一组开始重组诗作。

（3）每组都重组好诗作后，领读者集合所有人，请每一组负责发言的人朗读诗作。

不管孩子的朗读是对还是错，领读者都不发表言论。等每一组都发言完毕，再告知各首诗组合得是否正确。关于此步骤有以下两种方式可供选择使用：

a. 如果有时间，请组错的组重新修正。

b. 如果没有时间，领读者立即朗读正确的诗，请组错的组重新排列他们的诗句卡。顺序更正后，再朗读一次诗作，将该诗作本来的姿态烙刻在参与者的心中。

所需时间

由于所需时间根据参与者的人数，以及参与者对诗的感受能力而定，因此不易估计。时间长的话，应该需要一个小时。

孩子感兴趣的程度、投入程度与困难程度

如果能巧妙地选出可以顺利切割为两句一组的诗作，诗之谜将引发孩子极高的兴致。如果孩子的诗歌素养较贫乏，活动开展起来可能会变得很困难。

组织阅读作战后的分析与思考

　　一定要分析的关键点是，时间的分配——孩子们选取诗句卡、重组诗句所花的时间是否太长或太短。另外，也请领读者分析自己是否选出了最佳的诗作。此外，作为一位领读者，还需思考自己是否打心底里喜爱诗，能否将自己对诗的想法传达给参与者。因为领读者如果不能真心地感受诗，也就无法将热爱的情感传达给他人。

第七章

建立完整而独特的阅读架构

59. 阅读幻想故事：那是真的吗

60. 阅读荒谬故事：好笨啊

61. 理解诗歌语言：诗人是这么描绘的

62. 挖掘书中内涵：这段文字有含义

63. 关注书中关键信息：顺利组队

64. 选书根据：第一眼

65. 模拟书中角色：那个时候，某某这么说

66. 练习绕口令：舌头打结

67. 品味诗之喜悦：我喜欢这首诗

68. 分享喜欢的诗：带着诗来参加活动

69. 理解文字运用：词语飞走了

59. 阅读幻想故事：那是真的吗

解题

孩子总是深受幻想故事的吸引。一方面，一些人认为幻想故事带领孩子前往的魔幻世界是有害的。但另一方面，有不少人拥护幻想故事，认为有必要让其深入幼儿心中，培育幼儿的幻想能力。但现在请停止对此议题的深入辩论。我们想说的是，孩子到达一定的年龄，就能够分辨想象世界与现实的不同。我们并非想打破孩子的梦，而是想悄悄地向他们展示，在幻想故事中，原本就包含了象征的事物、不可思议的事物、令人惊奇的事物、真实的事物和或许是真实的事物，因此定下"阅读幻想故事：那是真的吗"这一标题。

参与者

以具备了阅读能力，对作品内容能够思考并分析的小学五、六年级学生作为活动对象。人数控制在三十人以内。

目标

* 能清楚明白地表达自己的想法。
* 培养孩子的批判能力。
* 能根据公正的判断力,分辨幻想和现实,确认"魔幻世界"的价值。

领读者

领读者必须具有优异的判断力,熟知孩子们的生活环境,并且个性沉稳、忍耐力强。另外,要有办法选取出故事中有疑惑之处,且有办法分辨现实、迷信以及魔幻。

必要的材料和方法

准备符合参与者人数的扑克牌大小的卡片(以厚纸张或普通纸张制成皆可),上面分别写上从故事中选出的与幻想、魔法或象征有关的一段段文字。

此外,需准备足够的书籍供孩子事先阅读。

实施方法

分成两组的孩子们排成两行,为了方便对话而面对面坐下。

领读者位于两行的前端。

(1)告知孩子们,要玩的阅读游戏是找出书中描写的现实和幻想处。接着,对他们说:"从现在开始,要发下写了故事里某段文字的卡片,想一想,那是真的?还是假的?"

(2)所有人都安静地读完卡片上的文字后,领读者指定右边那行

（称为 A 组）最前面的孩子朗读卡片上的内容。当他读完后，领读者要显露出感到很不可思议的模样，向左边那行（称为 B 组）正对着他的孩子，问道："这是真的吗？"被提问的孩子便回答那是不是真的，同时说出他这样认为的理由。如果答不出来，被提问的孩子可转而向领读者询问"这是真的吗？"

（3）如此这般，先由 A 组的孩子按顺序朗读卡片内容，由 B 组的孩子作答。A 组的孩子都问完后，便轮到 B 组——由 B 组的孩子朗读卡片内容，由 A 组的孩子作答。

（4）如果出现令孩子感到疑惑的地方，领读者必须响应并加以说明。加入魔法或妖术而导致孩子头脑混乱的书并不在少数，领读者最好能将具有这样内容的书籍尽可能地记住，以便作为参考。不管孩子的回答是对还是错，领读者都不能发表言论。

（5）所有人都发过言后，结束活动。

所需时间

只花费全部参与者发言所需的时间，不过，要留心别让孩子感到疲惫。

孩子感兴趣的程度、投入程度与困难程度

是否有趣，取决于从所选书籍中能找出什么样的问题，针对该问题能看到什么样的说明。如果在所选书籍的内容中，能够问出"那是真的吗？"的地方太少，活动就难以顺利进行。问题数量不够时，也可以采取两人一组一起提问和回答的形式。

组织阅读作战后的分析与思考

请领读者反思:是否给予了孩子充分回答问题的机会?是否做足了准备,使孩子不再有感到不清楚的地方?

另外,请思考是否找出了现实与幻想交融的故事。现代作品中有很多适合此标准的故事。

60. 阅读荒谬故事：好笨啊

解题

　　这是个让孩子与荒谬故事相遇的阅读作战方法。荒谬故事可以说是在魔法世界之外、戏谑的、无意义的、吹牛的、从表面上看来显得很笨的作品。童书的选书者并不认同此类作品。然而，荒谬作品真的毫无价值吗？

　　我们认为荒谬作品也具有价值，其价值在于，明白了什么是荒谬故事，便有助于区别正确事物与虚假事物的不同，这非常重要。所以，这个阅读作战方法的目标，并非切断孩子与荒谬故事的接触，而是让他们有办法辨识什么是荒谬故事。另外，荒谬故事还有一种效用——逗读者发笑。孩子们需要能引发他们笑出来的故事。当他们到了某一年龄后，假如得到触发，不管是什么，都会笑得在地上打滚。

　　因此，我们定了"阅读荒谬故事：好笨啊"这个孩子很容易亲近的标题。

参与者

以具有某种程度的解读能力，有办法区别虚假事物和真实事物的小学生为活动对象。

究竟要以小学三、四年级生，还是五、六年级生为活动对象，由熟知孩子阅读能力的领读者来判断。

人数控制在三十人以内。

目标

* 养成思考的习惯。
* 区别某种状况的真假。
* 尊重伙伴们的意见。
* 知道有逗趣文学的存在，并加以接纳。

领读者

领读者必须擅长从故事中选出荒谬的段落，其中要能清楚分辨出虚假的描述，也要能分辨乍看好像有意义，实际上却是胡诌的描述，例如："今天来做没有味道的甜点。""发生了绝对不可能发生的、从未看过的事物。"

此外，领读者应是活泼开朗的人，但必须可以认真地承担起活动中的各项事宜。

必要的材料和方法

准备符合参与者人数的书籍，供孩子事前阅读，或者两人一本也可以。

制作符合参与者人数的卡片。卡片可用画图纸或厚纸张制成，上面书写供孩子做此阅读游戏的句子段落。卡片内容大多为无意义的荒谬文字，但其中数张要写上有意义的文字。

实施方法

孩子们排为两行，面对面坐下。领读者位于两行的前端。

（1）领读者将卡片内容朝下，发给每人一张，告诉孩子不看别人的，只阅读自己的。营造安静的氛围，让孩子专注阅读，并能够思考该描述是不是很奇怪。

（2）在所有人针对自己的卡片内容好好思索后，领读者指定左边那一行最前面的孩子，朗读卡片内容，接着请他询问他正对面的孩子："我刚刚读的，听起来很傻吗？为什么你会觉得很傻或觉得并不傻？"被询问的孩子回答是否很傻，并解释原因。

（3）接下来轮到回答问题的孩子，朗读自己卡片上的内容，并面对原本提出问题的孩子，反问他相同的问题。程序和刚开始相同。

（4）像这样，所有人都提问并回答。

领读者专注聆听孩子们的回答，全部回答完一轮之后，告知他们答案是否正确，有错的话则指出。

（5）最后，如果大家能一起讨论与书籍相关的内容，效果会更好。例如，聊一聊这本书哪个地方最令人感到愉快，哪个地方最棒或最滑稽。至此结束活动。

所需时间

根据参与者而定。如果活动对象为具备思考能力、分析能力及擅长对话的孩子，四十分钟左右可结束活动。

孩子感兴趣的程度、投入程度与困难程度

是否有趣，取决于参与者平时阅读哪种书籍，即根据以下这些情况而定：

是否只读漫画？是否常接触信息性高的书籍？能否理解书中的幽默和笑点？

同样，这些问题的答案也会成为活动难以顺利进行的原因。

组织阅读作战后的分析与思考

领读者要先认识到这个阅读作战方法本身很容易招致非议，因此，必须小心翼翼地选择书籍，将适宜的内容摘取至卡片上，活泼利落地将活动往下推展。

应思考活动是否进行得还算顺利。至于尚且无法达到完美之处，请于下次活动时改善。

61. 理解诗歌语言：诗人是这么描绘的

解题

有诗人曾说：诗并不需要理解，而需要感受。然而，叙述性的诗非只可感受，还可以理解。这个阅读作战方法，希望孩子能品味简单而容易亲近的诗。

进行这个阅读游戏时，领读者将诗作交给孩子，该诗作会省略表达作品主题之"物"的具体文字。孩子阅读后，需要从前后的描写中推断出诗人到底在描绘什么。

参与者

根据所选取诗作的难度而定，从小学生到初三学生都可以参加。

人数控制在三十人以内。

目标

　　* 深入理解诗歌语言。

　　* 通过诗歌意义，明白要珍爱自然。

　　* 和一起参加的伙伴同心协力。

　　* 通过诗歌内容，理解何谓描写。

领读者

　　在各国的诗坛中，不管哪个时代都有叙述性的诗作，这个阅读作战方法需要能够在这些叙述性诗作中找出适合作品的领读者。也可以从寓言诗中选取。

必要的材料和方法

　　首先，需要准备用来誊写一首首诗作的纸张，只不过誊写时，成为诗歌主题的文字（树、花、动物、水果等）不出现，而在该处的左侧画上黑线。一首诗由两人思考作答，因此同一首诗作复印两张，为了方便操作，各诗作均编上号码。此外，如果准备一块黑板，效果更佳。

实施方法

　　领读者将孩子集合好后，向他们说明，接下来会发给每人一首诗。这些诗虽然描绘了草木、花卉、水果、动物等出现于诗人心中的主题，但成为主题的重要文字却已事先被拿掉，所以，大家要从诗人描写出的其他句子中，想出那个被拿掉的词语是什么。接下来，请孩子们面对面坐下，按照以下步骤展开活动。

（1）将写了诗的纸张发给孩子各自默读。由于会有两个人拿到同样一首诗，预计所有人都阅读完毕后，请孩子彼此询问，找到和自己同组的那个人。领读者不插手帮忙，也不让他们朗读诗，只需静静等待。

（2）孩子两两成组后，让他们一起思考那是首描绘什么主题的诗。

接着，给予他们小声讨论的时间。

（3）当大家似乎都找到答案后，指定其中一组，一个孩子负责朗读，朗读结束后，由另一个孩子负责回答问题。

如果答对，当场让他们知道。至于没有答对的孩子，两个都要留在领读者身边，直到所有人都发言完毕。没说出正确答案的孩子全部留在领读者身旁。

（4）所有人都轮过一次后，领读者要那些还未想到答案的孩子，饱含深情、清晰大声地慢慢朗读诗作，领读者则询问大家，有没有人知道该首诗的主题是什么。如果都不知道，便由领读者解答。

至此，或许孩子还有不清楚的地方，所以最好再由领读者朗读一次，供他们聆听。

按照以上程序，在孩子都理解了每首诗后，结束活动。

所需时间

根据孩子推测出主题的能力而定，一个小时应该完全足够了。

孩子感兴趣的程度、投入程度与困难程度

如果选择了主题清晰的优秀诗作,该活动就足以引发参与者的兴趣。太过雕琢或抽象的诗,孩子难以乐在其中。相反,太过简单的散文诗则会令孩子感到无趣。然而,不管选的诗有多好,也会出现因孩子对诗的感受力不足,而使活动产生窒碍难行的情况。

组织阅读作战后的分析与思考

怎样选诗是活动成败的关键,所以,领读者一定要分析自己是否找到了最合适的诗作。为使此阅读作战方法获得成功,请事先求教对诗很了解的人。

另外,也有必要反思,孩子在寻找和自己拿到同一首诗的同伴时,活动的气氛有没有因此变得骚动混乱。

62. 挖掘书中内涵：这段文字有含义

解题

作家不仅会有根据地创作故事，也会将"人生教训"镶嵌在小说里。

此阅读作战方法的目标为，以领读者准备的素材为基础，赋予孩子发现书籍中所包含的这类思想，并能对它发表评论。所以，我认为"挖掘书中内涵：这段文字有含义"是十分合适的标题。

参与者

以初中以上的学生为活动对象。如果参与者经常阅读，具备思考能力，活动的内容将变得非常丰富。

请尽量避免人数过多，二十到二十五人较为合适。

目标

* 能有逻辑地思考文字所清楚表达出来的事件。
* 能找到小说中表现力最丰富的文字。
* 发展批判能力。

领读者

领读者必须是个阅读专家，有办法将小说中应受关注的文章段落摘选而出。在阅读游戏进行中，能认可孩子本身，且有十足的耐心等待孩子去思考。另外，领读者还要是个明朗活泼的人，能将困难的阅读作战化为愉快的游戏。

必要的材料和方法

领读者按照以下描述准备好游戏的材料。

从书籍中选择出六七段具有重要影响力的文字，以及用来书写那些文字片段的卡片，例如："尽管不相信飞碟，却相信宇宙有尽头。"

此外，为使孩子能分辨哪些卡片属于同一组文字，请在全部卡片的左上角做上记号，写上该段文字的最后一句，以前面的例子而言，便写上："有尽头。"

在此阅读作战方法一开始时，准备足以分给每人三张的卡片。

在其中几张卡片上，写上表达了另一种想法的片断文字。不过，得从其中拿掉部分语句，不然这些文字即使排列在一起，也无法变成完整的段落。

另外，如果有黑板的话，将更为方便。

实施方法

领读者将孩子集合好，询问他们：是否阅读过指定书籍了？其中有没有让人愿意停留的地方呢？随后告诉他们，接下来要把发下去的卡片文字组合起来，制作出书中所出现的表现了作者想法的段落。接着，按照以下步骤进行。

（1）发给每人三到四张卡片。根据人数，每个人会拿到的卡片数目会有些差异。此阅读游戏中被列举出的作者想法，将以团队方式组合为原本的文字段落。领读者不说出共能组合出几段文字，只告诉孩子，有无法组为完整段落的卡片混在其中。

（2）发完卡片，向孩子说明，卡片上有用来分辨的句子记号，可借此确认哪些卡片属于同一个想法。并且要他们互相交换卡片，拿到标注了同样句子记号的卡片者成为一组。

分好组，给予时间排列卡片组成文字段落。

（3）所有的组都完成后，请他们朗读合力组成的段落，领读者边听边记录对错。

各组都发言过后，领读者说出其答案是否正确。

（4）如果还有时间，让孩子自由发表对个别文章段落的看法。作者所言是否放诸四海皆准？是否毫无疑问地赞同作者的想法？为什么赞成，为什么反对？

讨论过后，结束活动。

所需时间

如果能掌握节奏进行活动的话，超过一个小时也无妨。

假如活动过程中出现骚乱，请尽早找个恰当的时机结束活动。

孩子感兴趣的程度、投入程度与困难程度

假如缺乏用来重组段落的逻辑基础，无法记清楚作者的创作思路，活动将难以顺利推展。

如果能在充分思考后重组文字，伙伴间能够通力合作，活动应该会取得良好的效果。

组织阅读作战后的分析与思考

领读者要在活动结束时，立刻分析以下几点：是否顺利地列举出了表现力丰富的作者的想法？是否选择了适合该阅读作战方法的书籍？为使孩子能依靠自己的能力解决问题，是否做到了将应该交给他们做的事全部交由他们全力负责？

63. 关注书中关键信息：顺利组队

解题

　　此阅读游戏是把"书名""作者名""描述此书内容的短文"这三个线索，分别交到不同孩子的手中，让他们以"线索都同属一本书"为原则，找到自己的伙伴组成三人队伍。三人成组的关键是，拿到"描述此书内容的短文"的孩子能顺利搜寻出拿到"书名"和"作者名"卡片的孩子。

　　由于此阅读游戏要达成三人成组的目标，所以定了"关注书中关键信息：顺利组队"这个标题。

参与者

　　以小学三、四、五、六年级学生为对象。应选择符合不同年龄段的书籍来进行活动。

　　参加者以三十人为宜。

目标

* 锻炼记忆力。
* 促使孩子经常查阅书籍。
* 促使孩子与伙伴通力合作。
* 让孩子发现，能娴熟地读取书籍的内容非常重要。

领读者

领读者必须熟知孩子们平常阅读什么样的书籍，且能够做好合适的准备。此外，领读者必须具有十足的耐心和沉稳的性格，当孩子们正在思考答案时，尽量不提示，只是静静地等待。

必要的材料和方法

参加此阅读作战方法之前，孩子不需事先阅读书籍，只需由领读者从那些孩子应该看过或有办法查阅的书籍当中，选择书籍来使用。

每本书都准备三种卡片。

a. 书名。

b. 作者名。

c. 描述此书内容的短文，其中包含了书中的重要含义。

举例来说，如果有三十位参与者，便选择十本书，每本书都制作书名卡片、作者名卡片、书籍内容短文卡片。

如果校内有图书馆，请事先查阅哪些书籍的借阅率很高，从孩子常看的书中选择，是较佳的方式。

实施方法

一般而言，阅读游戏可在教室内、走廊里和校园中进行，但此活动在图书室进行更佳，甚至可以说非得在图书室进行不可。当孩子没看过所出现的书籍时，如果活动场地为图书室，便能随手拿到书加以查阅，进而思考、搜寻答案。

假如校内没有图书室，也可在附设了童书阅览角落的公共图书馆进行。此时，必须事先取得图书馆方面的同意。

三种卡片虽然加以编号，但是，要避免让孩子从编号中看出那是同一组的端倪，所以不要编连号。举例来说，一本书的书名卡片、作者名卡片、书籍内容短文卡片的编号，分别编上了三、十五、十八等不相连的号码。领读者则事先将使用哪些号码和正确的解答，都记录下来。

接着，便将孩子聚集在图书室内进行活动。

（1）领读者告知孩子们，接下来要发给每人一张书名卡片，或作者名卡片，或书籍内容短文卡片。大家互相看着卡片，寻找同一组的伙伴，将书名卡片、作者名卡片和书籍内容短文卡片集合在一起。

（2）发完卡片，给予时间让他们彼此询问，组成三人队伍。

此时如果有必要，可让孩子查阅图书室内的书籍。

（3）假如所有人都组成了三人队伍，便终止组队时间，将大家集合在一起。接着，请第一组来朗读他们的书名、作者名和书籍内容短文。如果他们的组合是正确的，领读者便保持沉默。如果是错误的，则告诉他们有哪些地方不对，但是暂且不要说出答案。

按照此方式，让每一组都进行朗读。

如果有两三组错误的话，看适合用以下哪种方式来处理。

a. 还有时间，且能从图书室的书中找到答案的话，要让这些孩子再一次查阅、思考。

b. 没有时间，孩子也显现出疲惫模样的话，领读者说出正确的答案。

（4）最后，以组为单位，询问哪一组的书最好看，孩子们会因此觉得很开心。

告知孩子下次的阅读作战活动将在何时进行后，结束此次活动。

所需时间

若进展顺利，此阅读游戏将比想象中提早完成，三十分钟应该已经足够。

孩子感兴趣的程度、投入程度与困难程度

孩子们如果细读书籍、认真思考、积极搜寻伙伴，并且用于此阅读作战方法中的书籍是他们阅读过的，他们将会对这一活动产生极大的兴趣。

假如因活动不在图书室或图书馆内进行，以至于孩子们无法当场查阅书籍，或者孩子们拿到的卡片，指定书籍是他们没阅读过的，即使看了书名、作者名和书籍内容短文，也缺乏引导出究竟是哪本书的能力，那么活动的展开将会遇到困难。

组织阅读作战后的分析与思考

领读者首先一定要分析：书籍的选择方式是否合适。然后还要思考，作为线索的书籍内容短文，对于寻找作者而言，是否具有足够充分的含义。下次需改善的地方，以及下次需延续的地方，也都请好好地思考。

64. 选书根据：第一眼

解题

　　书名或目录、封面或前后勒口上的内容简介，是我们选书时的根据。读了这些文字后，有时可对书籍内容有相当多的了解。

　　此阅读作战方法便是让孩子察觉到，购买、选择书籍时所做的"试读"这件事具有什么含义。

　　因此，便定了"选书根据：第一眼"这个标题。

参与者

　　以初三以上的学生，也就是以自己选书机会较多的孩子为活动对象。人数避免过多，二十人左右应该颇为恰当。

目标

　　＊明白选书的重要性。

* 能深入作品的核心部分。
* 明白是否接受一本书是读者的自由。

领读者

领读者必须能够引导出此阅读作战方法所要求的批判力，且应经常阅读。此外，领读者必须具有沉稳、明朗、温暖和乐观的人格特质。

必要的材料和方法

符合参与者人数的书籍。其中的三本书籍需事先交给担任评论家的孩子，好让他们悄悄阅读。其余的书籍则于活动时交给其他参与者。

实施方法

请三位孩子悄悄地事先阅读所选书籍。领读者对担任评论家的这三个人说明，必须留心阅读书籍的核心部分，而且必须保证不将事先读过书这件事以及该书内容，透露给任何人（特别是即将一起参加活动的孩子）。这次的活动成败与否，有赖于这三个人是否履行诺言。而在活动当天，秘密将会被揭晓。

至于其他孩子，甚至连在此阅读作战方法中使用的书籍名称，也绝对不能让他们得知。

做好以上准备，等活动当天便按照以下步骤进行。

（1）将孩子们集合好，让他们围着领读者呈半圆形坐下。领读者询问孩子："接下来，我们要用《……》这本书（于此处告知孩子书名）来玩游戏，有人读过这本书吗？"

担任评论家的那三个人，到这时再说他们读过。此时这三位评论家离开半圆，组成单独的三人团队，坐在领读者和其他孩子之间。

（2）领读者说明什么是"试读"书籍，并发给不曾读过该书的孩子（以下称为"发现者团队"）一人一本书。接着，请他们看书名、目录、章节标题、内容简介、插图、本文的"试读"，加上各自直观性的"第一眼"等，用尽可能多的方式，去了解这是怎样的一本书。

给予孩子的观察时间为十五到二十分钟。这样的时间，如果是很薄的书籍，将会有孩子能全部读完，因而无法达成此阅读作战方法的目标，所以请根据书籍的厚度调整时间。

（3）时间到了，向整个发现者团队抛出问题：这本书描述了什么事？你觉得这是怎样的一本书？无需按照顺序，大家可自由发言，但要避免同时有好几个人发表意见。

（4）发现者团队的成员都发表过意见后，领读者向三位评论家提出以下问题，点燃讨论的火苗。

a. 发现者团队只凭借着对书的"第一眼"，是否得知了真正的内容和作者所说的事？

b. 发现者团队是否耗尽了力量，却没发现具有阅读价值的重要观点？请清楚说明小说的哪部分具有什么价值。

c. 发现者团队的意见是否击中了目标？

d. 书名或内容简介能作为选书的根据吗？此外，"试读"对于选书有帮助吗？

通过讨论来揭晓答案。

e. 更进一步，请评论家以该书为例，阐明它具有卓越价值的一段描述。姑且不论是否接受该书，仅仅通过"试读"，孩子们并不能捕捉住书籍的价值。"试读"和从头到尾读完是两回事，孩子们能加以分辨吗？

最好引导出以下的结论：试读虽然是选书时的重要根据，不过仅仅读过这些文字，并不代表读过这本书。

所需时间

一旦进行认真的讨论，将很耗费时间，可能会超过一个小时。

孩子感兴趣的程度、投入程度与困难程度

如果不管哪位参与者都能理解提问的深意，并予以回答，能顺畅地对话并达成明确的结论，那么，孩子们将感到兴致盎然。

如果孩子们无法灵活地思考，无法顺利地用语言表达、讨论心中的想法，那么，活动的展开将会遇到困难。

组织阅读作战后的分析与思考

与其他的阅读作战方法相同，领读者仅负责掌舵，当孩子们拼命地想用语言表达自己的感受时，领读者必须避免插话。活动结束后，请思考自己是否谨守了此原则。至于此阅读作战方法的目标，是否达成了呢？是否清楚地揭示了"试读"和了解书的梗概，在某种程度上，尽管确实有助于选书，却与"读一本书"是两件不同的事。

请根据以上角度，分析这次的阅读作战活动。

65. 模拟书中角色：那个时候，某某这么说

解题

　　此阅读作战方法的目标是让幼小的孩子运用自己在想象力丰富和开始学习语言时期特有的爱讲话现象，再次试着"学话"。然而，却不只是依样画葫芦地再讲一次，而是用手上的娃娃，化身为故事中的人、物或动物等来说话。

　　于是，定了"模拟书中角色：那个时候，某某这么说"这个标题。

参与者

　　以能够理解故事，刚开始会说话、年纪较小的幼儿为活动对象。

　　如果所有人都能分配到角色，领读者也有办法引领孩子们顺利说话，那么，即使人数众多也能进行。对于无法进入游戏、畏缩不前的孩子，以及性格害羞的孩子，领读者都应给予协助。

目标

* 能够让孩子用自己的话语来表达。
* 能引导每个人对故事作出不同的解释。
* 让孩子习惯故事进行的顺序。
* 让孩子能够享受故事所带来的乐趣。

领读者

领读者必须习惯与年纪很小的孩子相处,且必须具有十足的耐心、个性明朗、落落大方、笑容可掬。此外,要具有带领年幼孩子与符合其年龄段的儿童文学相遇的欲望。

必要的材料和方法

所选的故事必须有很多角色,而且必须具有趣味性,好让孩子单是聆听就能轻松地跟着情节往前跑。

准备符合参与者人数的故事角色(包括动物、拟人化的物品)——手指娃娃。娃娃套在各个孩子的手上,当轮到哪个孩子手上那个角色出场时,便让那个孩子说话。

实施方法

领读者讲述或朗读故事给孩子听。为使孩子聆听时能理解内容,领读者要巧妙地运用声调,并缓缓地朗读(说出)。故事应避免太长或太短,请选择适合孩子的故事。读完之后便按照以下步骤展开活动。

(1)发给每人一个手偶或手指娃娃,向孩子们说明,接下来大家要一起开心地再听一次故事。不过，说故事的不是小朋友自己，而是每个小朋友手上的角色。随后，询问孩子："你的娃娃是哪个角色？""你手上拿的是什么？"逐一确认每个孩子扮演哪个角色。

（2）领读者开始说："有个地方有一位国王……"接着问："国王做了什么？国王说了什么？"像这样一边询问，一边让孩子以故事中的角色来说话。像这样由孩子再现故事内容。

（3）故事说完了，询问孩子最喜欢其中哪部分，最后结束活动。

所需时间

由于是以无法长时间集中注意力的幼儿为活动对象，因此时间必须缩短，控制在不至于让孩子感到疲惫的程度。

此外，从另一层面来说，年龄这么小的孩子，也会出现说起话来没完没了的状况，对此领读者也该有所控制，要在合适的地方让孩子停下来。

孩子感兴趣的程度、投入程度与困难程度

如果能选出符合孩子阅读理解能力水平和兴趣的内容，活动将会非常有趣。假如孩子们认识的词汇过少，或坚决不开口，那么，活动进行起来将会有困难。

组织阅读作战后的分析与思考

请思考以下几点：领读者是否做到了让自己配合孩子的可能性？是否选出合适的故事？是否做到了充分地激励孩子通过手指娃娃，顺利地将故事说出来？

另外，领读者一定得分析是否做到了在温暖和谐的气氛下进行活动。

66. 练习绕口令：舌头打结

解题

在运用诗来进行的阅读作战方法中，有时会采用谜语，而这个阅读作战方法则采用绕口令。学校会运用绕口令来锻炼孩子的发音能力，并感受民间文化的传承之美。西班牙的儿童文学研究者加尔缅·布拉波·比利亚善堤曾对我们说过与此阅读作战方法相呼应、关于民间文化传承的一个想法："一旦利用民间文化传承引发出美感，将可磨砺感受性。这样的感受性无法切断与知性的关系。"

绕口令的特征为难以顺利发音，因而定下"练习绕口令：舌头打结"这样的标题，应该十分相称。

参与者

最喜爱绕口令的应该是小学生。不过，对于六年级以上的学生，甚至是大人，绕口令也都具有培养良好发音能力的效用。

总而言之，由领读者决定以哪些人来作为活动对象。

目标

* 培养良好的发音能力。
* 丰富词汇。
* 因好笑的事情而发笑，但不取笑别人。

领读者

领读者的发音要漂亮而准确。此外，多少要具有"重视发音指导的教育活动"的倾向。

除了能乐于接受出现在此阅读作战方法中的绕口令的趣味，领读者本身也要将享受事物乐趣的能力发挥到极致。将滑稽感与笑点转换成有意义的东西，也是领读者的责任。能引人发笑和令人感到开心，都可为读书会的阅读作战加分。

必要的材料和方法

准备符合参与者人数的绕口令，请选择长度和难度都相差不多的，一则则写在纸上。

针对年龄段高的参与者，如初中以上的学生或高中生，请准备难度较大的资料。

此外，需要几个口哨。

实施方法

孩子们围绕着领读者呈圆形坐好，活动随即展开。领读者向大家说明，接下来玩读绕口令的游戏，必须读得足够快、不出错且清楚，为了让听众知道你在念什么，要注意正确的发音。同时告诉孩子，试着读读看就会觉得很好玩，即使读错也很有趣。接着，发给每人一张写了绕口令的纸张。

（1）告知孩子用不影响他人的微小音量来练习，随后给予他们安静阅读的时间。

在发下纸张时，刻意抽掉其中两张，让两个人拿不到绕口令。这两个人将与领读者一起在评审团的桌子旁边就座，负责游戏中的评审工作。评审工作是在其他孩子出错时予以提醒，并且确认念诵时哪里念得不好。因此，其中一人拿着哨子，假如正在诵读的孩子出错，就吹响哨子；另一人则拿着确认表，一边听其他孩子诵读，一边确认有没有漏掉的地方，是否读得太慢，有没有听不清楚的发音。像这样委托孩子担任评审时，领读者就必须提前做好确认表。假如没准备确认表，则由领读者自己担任评审，所有的孩子都要读绕口令。

（2）孩子再次读绕口令。第一次仅仅是读而已，这次阅读游戏将达到高潮，如果有孩子读错，就得离开圆圈。读错者，由裁判吹口哨告知。正在读绕口令的孩子如果询问为何被打断，担任裁判者负责回答其哪里出了状况。

（3）所有参与者都读了两次后，结束活动。大家为从头到尾都通过考验的孩子鼓掌。

鼓励孩子如果再次练习，将会读得更好。若孩子想要再读一次，在时间允许的状况下，所有人再轮一次。

所需时间

仅使用必要的所需时间。由于不清楚孩子们会怎样读绕口令,因而会很难预测所需时间,不过应该不至于超过一个小时。

孩子感兴趣的程度、投入程度与困难程度

如果孩子即使出错也依然能好好地读,此阅读作战方法将进行得开心又有趣。如果孩子连一般的内容都得边看文字边读,那么活动的展开将会遇到困难。在这种情况下,请先进行其他的阅读作战,之后再挑战这个阅读作战方法。

组织阅读作战后的分析与思考

领读者有必要事先了解孩子们的阅读能力,以及是否有孩子发音有问题。由于绕口令较为困难的发音有多种模式,对于特定发音有问题的孩子,请让他读使用了其他发音的绕口令。

此外,请留意活动是否进行得很愉快。对于念错的地方可以觉得好笑,但不可以取笑读错的人。还有,读得快也是绕口令有趣的地方,所以请分析在活动中,孩子是否做到了加速诵读。

67. 品味诗之喜悦：我喜欢这首诗

解题

如果是个充满感性的人来引导孩子走入诗的世界，那么孩子将感到非常兴奋，因为孩子的吸收能力很强，将会立即展现敏锐反应。当然，在此过程中，必须使用对孩子来说有魅力、极为单纯的诗作，由于这是从数首诗中选出喜欢的，所以定了"品味诗之喜悦：我喜欢这首诗"这个标题。

参与者

以小学五、六年级学生，或小学三、四年级学生为活动对象。是否可行，请由经常接触、观察孩子的领读者来判断。

人数控制在三十人以内。超过此人数，将会花费过长的时间。

目标

*培养记忆力。

*引发品味诗的喜悦。

*增强思考能力。

领读者

领读者必须能够轻易选出真正适合孩子的诗，并能让活动愉快地进行。

必要的材料和方法

选择数首篇幅极短的诗。例如：有三十位参与者，便选出五六首诗，其中包含两首七行诗、两首五行诗、一首六行诗，共五首；或是六首五行诗，也就是所有诗作的总行数与参与者人数相等。将所选诗作与其题名，分别誊写在纸张上，每首诗必须誊写符合该行数的数量。

接着，在长方形的厚纸上，将诗句一行行誊抄上，字体要足够大，易于阅读。

领读者事先准备誊写好的诗作各一份，以便在揭示正确答案时使用。

此外需要桌子，用来排列誊写着诗的纸张。

实施方法

参加的孩子们集合好之后，领读者说明接下来要用诗来玩阅读游戏。首先，请大家从数首诗中选出自己喜欢的诗。不过，对于接下来要做的事，领读者先不提及。

（1）桌子上排列着誊写了诗作的纸张，写着同一首诗的纸张叠成同一叠。此外，根据所使用诗的数量，请同样数量的孩子来到桌子边。也就是如果有五首诗，一次请五个孩子；如果有六首诗，一次请六个孩子。在阅读了桌上的诗作后，请他们拿走自己喜爱的诗。

第一组人选好，第二组人也依同样的方式进行，所有人都选过诗之后，桌上也就清空了。

（2）孩子们回到座位后，领读者告诉他们要专心地默读手上的诗作。同时给予他们足够反复阅读数次的时间，待阅读结束。

（3）告知孩子们不朗读诗的内容，而仅朗读诗的题目。第一个孩子朗读出他手上诗作的题目后，领读者询问："有谁和他选了同一首诗？"并请选择同一首诗的孩子聚集在一起。以此种方式让他们组好队，接着，收回他们手上的诗作。

（4）领读者拿出写着一行行诗句的卡片，并一张张朗读，同时询问："有没有哪一组想要这张卡片？"全组孩子在经过讨论后，如果认为那句诗属于他们所选的诗作，便拿走卡片。领读者像这样朗读写着一行行诗句的卡片，孩子则拿取可组合成他们诗作的必要卡片。把没有任何一组想要的卡片，张贴在某个大家都看得到的地方，同时，也将这句诗写在黑板上。

（5）各组都将诗句组合好之后，给予时间，让他们一边回想刚刚所默读的诗作，一边排列卡片，将诗作组合还原。

（6）最后，请各组朗读诗作，为顺利完成任务者鼓掌。对于无法顺利完成者，领读者揭示正确答案。

朗读完毕，结束活动并解散。

所需时间

仅使用必要的时间。必须控制在不至于让孩子感到疲倦或厌烦的时间范围内。

孩子感兴趣的程度、投入程度与困难程度

如果选择了合适的诗作，活动必然变得非常有趣。太简单的诗，将会使孩子觉得很无聊；太艰难的诗，则会使活动难以顺利进行。

组织阅读作战后的分析与思考

一定得分析：领读者是否做到了合宜地掌握活动的节奏？是否未造成冷场，做到了以明朗乐观的态度来面对所有状况？不论是好的地方还是不好的地方，都不回避，而应该好好地进行反思，并将此经验活用于下一次的活动中。

68. 分享喜欢的诗：带着诗来参加活动

解题

　　我们偶尔也必须试着换个方向，这个阅读作战方法便是如此。也就是说，不由领读者，而由参加的孩子选诗。孩子从自己手边的书（阅读教科书或家里现有的诗集，从学校图书室或公共图书馆借阅等）中，寻找喜爱的诗，带来参加活动。

　　之所以给孩子这样的机会是因为：一旦进行了与诗相关的阅读作战方法，他们就会自然而然地萌发出自己尝试选诗的意愿。

　　展现出这种姿态的孩子值得大大夸赞，而且，想将自己发现的事物与同伴分享，也是好事，因而我们尝试了"分享喜欢的诗：带着诗来参加活动"这个阅读作战方法。

参与者

　　如果具有选诗的能力，不管任何年龄的孩子都可参加，即使是初中生或高中生也可以。因年龄不同，孩子所选的诗也会不同。

理想的人数为二十人左右。一旦多达三十人，将会很累人。

目标

* 鼓励孩子读诗。
* 让孩子明白自己具有选择的自由。
* 孩子能将自己的发现传达给其他人。

领读者

领读者必须喜爱诗，或者至少要具备相关的知识与能力，能成为孩子的伙伴。

孩子能否开开心心地进入诗的世界，根据领读者的情况而定。

必要的材料和方法

用来书写孩子所介绍的诗作题目的黑板。

由于孩子带来的诗是主角，所以并不需再准备其他的物品。

为没有带诗来的孩子，准备好备用诗。

实施方法

领读者在活动举办前十五天左右，告知孩子，下次将使用大家所选的诗来进行活动，所以，请他们分别选出自己喜爱的一首诗，于活动当天带过来。

此外，还应给孩子传达活动的时间与场地。

活动当天，按照以下步骤展开活动。

（1）请孩子坐在能看见黑板的地方，询问大家是否都带着诗来了。

可能有孩子带了两三首诗，也可能有孩子一首都没有带来。对于带来多首诗的孩子来说，今天只会使用一首，其余的留作别的机会使用；对于没有带诗来的孩子，将备用诗交给他，让其参加活动，但要请他坐在离其他孩子有点距离的地方。

（2）请孩子按顺序大声朗读出所带来的诗作题目，领读者为之编号，书写于黑板上。

诗作的题目都写在黑板上以后，告知孩子，随后要一个个大声朗读诗的内容，由于最后会投票给自己所认为最棒的诗，所以大家必须专心聆听。

（3）确认了黑板上的题目后，由孩子分别朗读诗作。

为了使其他孩子易于聆听，所以请孩子们不疾不徐地朗读，但要避免令人感到无聊。

给予每一个孩子足够的朗读时间。

（4）所有人都朗读过后，投票选出哪首诗最棒。

投票结束，领读者统计票数，按照票数的多少，也就是受孩子欢迎的程度，朗读出题目。

而后，询问带来最受欢迎诗作的孩子，为什么选这首诗——可能会跟作者和主题有关，也可能出现其他的理由。

所需时间

仅使用必要的时间。时间不够时，可省略让选了最受欢迎诗作的孩子发言这一步骤。

孩子感兴趣的程度、投入程度与困难程度

只要孩子们经过了深思熟虑的选诗过程，他们就会对这一活动很感兴趣。

孩子们的朗读方式，将被视为可能造成阻碍的因素。活动出现任何一点点的冷场，都可能是因为朗读的时间过于冗长了。

组织阅读作战后的分析与思考

如果领读者要在孩子朗读时给予修正，必须避免给其施加压力，而能让其随心所欲地朗读。有必要修正之处，仅在于孩子朗读了取笑别人或伤害了别人的这一类不合适的诗作。

69. 理解文字运用：词语飞走了

解题

诗人所使用的语言很特别吧？"覆盆子的花开了""蜜蜂吮吸着花蜜""看，李树的花多么美丽"，以上的文字与西班牙诗人安东尼奥·马查多的表现方式："覆盆子的花已开了／李子树染了满头白／金黄色的蜜蜂将蜂蜜运送到巢中……"有什么不同？

这个阅读作战方法的目标为，引导读者发现时而写实性、时而象征性的诗歌文字之美。在活动中，孩子要寻找从诗作当中飞走的词语，因此定下这个标题。

参与者

如果参与者为初三学生至高中学生的话，应该可以毫无困难地找到拿掉的词语。不过，即使是年龄较低的孩子，假如具备诗的素养，根据领读者的判断，采取适合他们的方法，也可以顺利地进行此阅读作战方法。人数控制在二十人以内。

目标

* 深入理解诗人对于文字的运用。
* 留心诗的韵律和音乐性。
* 发现诗之美。

领读者

领读者必须非常感性,能够找到适合此阅读作战方法的优美的诗。此外,得能够从诗作当中抽取出具有鲜明特征的诗的词语。

必要的材料和方法

准备好符合参与者人数的不同诗作,分别誊写在纸张上。但不管是哪首诗,都得从其中拿掉两三个词语。拿掉词语的地方就直接任其空白,意为让孩子明白"词语飞走了"。

随后,准备一些分别写上一个个词语的词语卡,当中包含了实际上从诗作中摘取出的词语,以及领读者自己想出来的、并不属于原诗作的词语。然而,为了不造成混乱,不属于原诗作的词语数量,必须比原诗作的词语少。

实施方法

领读者请参加的孩子围成圆形坐下,随后发给每人一张写着诗作的纸张,并向他们说明:不管哪首诗,都有几个词语飞走了,所以希望他们想一想，自己是否能找出那些词语。

（1）发下写着诗的纸张，给孩子一些时间，思考应该能放入诗作的词语。孩子可将想到的词语记录在纸张空白处。

（2）一会儿过后，领读者发给每人四张词语卡，向孩子说明卡片上的词语有的就是可以填补诗中空格的词语。

告诉他们，当自己所拿到的词语似乎都不符合该诗作时，便与他人进行交换。接着，给予孩子时间，允许其自由走动互相交换词语卡。领读者只在状况变得过于骚动时，再加以仲裁调停。选择结束后，将多出来的词语卡排列在桌上。

（3）孩子们都将自己手上诗作的空格填上之后，请每个人分别朗读诗作内容。

若有人填了错误的词语，领读者指出并对他说，某人可能拿了该词语卡，所以请仔细聆听其他人朗读。此时先不说出该诗作空格处应填上哪个词语。

当所有人都朗读完诗作后，给予有错的孩子几分钟的时间，得以与伙伴们互相交换词语卡。

（4）交换好以后，领读者朗读出正确词语，并请孩子将正确的词语写在各首诗的空格处。为了能够正确地朗读，领读者最好事先预备好诗作的原文。

如果能让孩子们将所填写的完整诗作带回家，效果会更好。

所需时间

仅使用必要或可掌控的时间。避免超过一个小时。

孩子感兴趣的程度、投入程度与困难程度

如果能顺利发现少掉的词语，并且喜爱诗，孩子将会对活动产生兴趣。

假如孩子缺乏诗的素养、缺乏捕捉诗作之美的感性，将会在活动进行过程中遇到困难。请在进行了多个较为简单的、与诗相关的活动后，再挑战此阅读作战方法。

组织阅读作战后的分析与思考

运用诗作来开展活动的阅读作战方法，比运用故事或图画来开展活动的阅读作战方法，更需要领读者投入专注力。请坦诚地回顾自己是如何引导活动的，如果有需要修正之处，做好笔记。此外，对于下次进行活动时可以继续发扬的成功要素，也需记录下来。

第八章

成为具有独立人格的读者

70. 理解谚语：它的意思清楚吗

71. 阐明作者想法：我发现了

72. 评论文本：好吗，不好吗

73. 分享书籍：喜欢这本书的原因是什么

74. 分享想法：说出想法

75. 评判各要素的价值：如果是我，就不会删掉

70. 理解谚语：它的意思清楚吗

解题

　　如标题所示，此阅读作战方法将由孩子解释谚语，以显示出其含义。在谚语当中，有像"和气致祥，乖气致戾"这样一看就知道是什么意思的；也有具有双重含义的，像是"与人方便，与己方便"，它有"人情并非是为他人而做的"之意，也有"好心有好报"之意。此阅读作战方法往往在参与者当中激发出各种看法。

　　在这个阅读作战方法中，从全面的角度——从字面上所显示的意义到其象征或比喻的意义，来观看谚语。

参与者

　　以初中以上的学生为活动对象。因为这个年龄段的孩子，开始具有解释内容的能力。但尽管如此，不具有较强阅读能力的孩子，也会感到很困难。

至于人数，则控制在二十人以内。

目标

　　* 仔细思考具有象征性或有深度的内容，理解并解释其含义。

　　* 亲近现代的社会性和道德性价值观。

　　* 引发批判能力。

领读者

　　领读者必须能等待、接纳各种见解（孩子的发言内容），还需具有高度的忍耐力，具有很高的修养，并且想象力丰富。

　　此外，领读者需要预测活动中所使用的谚语对参与者而言具有哪种难度。所选择的谚语，应该既非一看就明白、完全不需解释那么简单，又非怎么想都想不通那么困难。

必要的材料和方法

　　此阅读作战方法并不需要准备书籍，而需准备一张张分别写上谚语的卡片。其数量等同参与者人数。

　　另外，如果想要所有人一起进行，最好备有黑板。

　　我们常常推荐在活动中每人手持一张纸或卡片的方式，这么做能促使孩子仔细思考、吸收并消化上面的内容。

实施方法

　　（1）参与者分为两组，隔着容易对话的距离分成两排面对面坐下。

　　（2）领读者发给每人一张卡片，说明每张卡片上都写着一则谚语。

所有卡片发完前，大家都先不看上面的内容。

（3）在领读者示意之后，孩子们各自默读卡片上的内容，分析谚语中包含的信息，并为自己的解释做好准备。

由于此阶段有益于消化吸收，因此必须给予充裕的时间。一定要保持安静，这很重要。

（4）时间到了，指定左列最前面的孩子朗读卡片上的谚语，并说明其意义，随后提问他："你的谚语意思清楚吗？"

受指定的孩子解释完毕后，指定位于右列最前面的孩子，询问他对于刚刚那句谚语的解释，是否有不同的意见。如果有，请他以所有人都听得到的音量说出来。

按照此方式，先由左列的孩子阅读、解释谚语，接着由右列的孩子补充。

接下来，换成由右列的孩子朗读谚语、阐述自己的想法，再由左列的孩子回答对于该解释有何看法。

（5）当所有人都发言结束后，如果对活动中出现的谚语有补充说明，请简短地与大家分享。

领读者告知孩子们，下次将使用哪本书来开展阅读游戏，随后结束活动。

所需时间

如果人数适中，孩子们能迅速清楚地发言，一个小时以内便可结束活动。如果人数增多，将花费较多的时间。

考虑到孩子的专注力有限，应避免孩子浪费时间而导致活动时间拉长。但假如太在意时间，也常常会发生令人喘不过气来的匆忙状况。

孩子感兴趣的程度、投入程度与困难程度

从长年实践阅读作战方法的经验中得知,多半孩子对于解释所阅读的内容,特别是抽象的文本,感到很棘手。所以,我们必须通过"解释性阅读"的作战方法,来锻炼青少年的理解力。

如果能接触此类阅读作战方法,将思考的技术消化吸收,孩子们将会感受到活动的趣味性。在绝大多数的状况中,如果能顺利解释出谚语的意思,孩子将对此活动深感兴趣。

组织阅读作战后的分析与思考

是否准备了符合参与者理解能力的材料?因为面对一级九十厘米高的阶梯,往往难以一蹴而就,而面对一级只有八厘米高的阶梯,则无法真正实现运动,运动者往往会在中途就厌腻了而不想往上爬。

如果想获得成果,必须有足够(不过长也不过短)的安静时间,用以好好玩味活动中所使用的谚语,且必须控制在不演变成暴力或攻击的状况下,平稳地彼此对话,往前推展。一般而言,所有的阅读游戏都必须在温暖、和谐和包容的气氛下进行。

71. 阐明作者想法：我发现了

解题

当读者能够理解难以解释的文本时，他们将感到深深的满足感及幸福感。因此，我们想出了这个阅读作战方法，它将有助于思考、分析那些使用了象征性表现与抽象性比喻的难解作品。

标题定为"阐明作者想法：我发现了"，是因为古希腊的数学家阿基米德在破解疑难的那一刻，惊喜地发出的一句："我发现了！"

参与者

以具备研究能力的初中学生或高中学生为活动对象。

人数多了将会很热闹，但假如人数过多，在活动过程中，参与者将会感到很疲惫。可控制在十六人以下，最多二十人。

目标

* 深入理解难以解释的作品。
* 提升自我思考、理解和判断的能力。
* 发现作者的想法。
* 能够和伙伴一起运用脑力解决问题。

领读者

领读者必须擅长分析文本,具备研究的能力。不仅能够从文学和艺术性层面来解释作品,还要兼顾社会性观点。

必要的材料和方法

准备在活动中使用的书籍,数量应符合参与者人数。这些书籍不仅供参与者事先阅读,活动时也最好人手一册。

在一张纸上写下可引导出关于书籍章节解释的几个关键点,原则为每人需拿到一张纸,因此同一张纸请准备数张,以便符合参与者人数。

实施方法

(1)请孩子们围坐成半圆形。领读者告诉大家,作者在这本书中有一些想讲的话。接下来请大家思考其中的含义。领读者发纸张。

(2)请拿到写着同一章节的纸张的孩子成为一组(可以两人一组)。随后告诉他们,每组的伙伴一起思考,以便随后发言说明该组的发现。

给予充分的讨论时间，如果活动是在宽敞的场地举行，最好将各组分散在场地各处。

（3）要发言时，再次请孩子们围坐成半圆形，从第一章开始按顺序请每组说明该组的发现。

一组发言完毕，询问是否有人要补充其他的解释。一开始是小型的组内对话，或许会因此成为小规模的讨论会。不过，假如已经无法增添新鲜的要素，领读者应适时让孩子们结束发言。

由负责每章的各组表达意见，并由全体一起讨论，按照此形式进行活动。

（4）每一组都发言完毕后，如果有解释不够详细的章节，领读者就对所有人抛出具有提示性的问题，使孩子们能够理解作者想表达的含义。

告诉孩子们下次活动将使用的书籍（不透露将采用哪个阅读作战方法）后，结束活动。

所需时间

参与者如果在二十人以内，一个小时便已足够。如果超出此人数，将会多花一点时间。

孩子感兴趣的程度、投入程度与困难程度

如果孩子的阅读能力不足，特别是孩子未曾通过其他阅读作战方法，获得阶段性的理解与解释的训练，活动的展开可能会遇到困难。

如果孩子们能心情愉快地进行讨论，活动将获得良好的效果。

在孩子讨论时，领读者如果能避免表达出赞同或反对的意见，避免不必要的催促，而能以信赖的态度倾听他们的话语，那么，此阅读作战方法将变得富有意义。

组织阅读作战后的分析与思考

领读者在结束此阅读游戏时，一定得针对是否扮演好了自己的角色，坦诚而认真地自我评价。在此，请分析以下几点：是否营造了可让孩子放心讨论的温暖气氛？是否做好了准备，从作品中摘取出了最好的解释观点？孩子们发言时，是否做到了保持中立的态度？当场提出的问题，是否正中靶心，达成了阐明作者想法的目的？

72. 评论文本：好吗，不好吗

解题

　　这个阅读作战方法的目的为引导孩子习惯于评论文本。这里所谓的评论，并不限于形式层面（这属于文学课程中的内容），而是每个人从自己的生活经验出发，以书中想传达的事物为基础来加以判断。

　　在读书会阅读作战的教育方法中，我们如何理解书籍评论是怎么一回事？我们所称呼的评论，是以书籍内容为本，除了要显示出符合逻辑推理的根据外，还要判断出自己是接受还是否定此作品。因此当然必须理解阅读的内容，形诸文字，且必须解释字面所没表现出来的信息。如果没有达到这个程度，评论将止于表面便结束了，这将会否定优秀的书籍，或将无趣的书籍视为佳作。

　　此阅读作战方法如果在"理解谚语：它的意思清楚吗""阐明作者想法：我发现了""深入理解作者想法：为他辩护""书与读者的

关系：我与书籍"等阅读作战方法之后加以挑战，效果更佳。

参与者

以曾经通过任意一种形式感受到阅读的喜悦，且具有一定程度阅读能力的孩子为活动对象。

虽然十二岁以上的孩子就可以参加此阅读游戏，但最适宜的应是高中学生。

目标

* 训练批判的意识。
* 培养自由选择书本的眼力。
* 并非对任何事物都立刻附和，而是能表现出是否赞同作者的想法。
* 尊重伙伴们的判断根据。

领读者

领读者必须习惯和初中学生或高中学生互动，处事圆融，忍耐度强，而且能做到不随意说出自己作为大人的感受。

另外，能够选出可激发出赞同或者反对等各种意见的作品，可选择小说、故事、传说、寓言、传记等叙述形式的内容。

必要的材料和方法

准备符合参与者人数的书籍。最早在活动十五天前，交给孩子们带回家中阅读，活动时再携至现场。

准备黑板或类似的物品，用来写下孩子所发表的赞成或反对的意见。

符合参与者人数的纸张。

选出作品中非常重要的场景，以及看起来很容易令孩子们发出评论的场景，一则则分别写在纸上，数量应符合参与者人数。

根据它们在小说中出现的顺序标上号码。

实施方法

（1）请孩子们围着领读者坐下来，发给每人一张纸，给予他们几分钟的默读时间。

（2）按照纸上的编号顺序，请孩子分别朗读纸上的内容，并对该场景状况提出意见。

领读者如果判断有其必要，便将孩子赞同或反对该状况的意见写在黑板上。之后，其他孩子也重复进行此流程。

（3）所有人都朗读过纸上内容，并发表过意见后，领读者表示大家一起来看结论。如果赞同的意见高于反对的意见，便评价这是一部有价值的作品，也就是孩子所接受的作品。然而，真是如此吗？

为此，领读者要引导孩子互相交换意见，请他们以作品的整体性来深入考虑、讨论它具有的价值。

结果可能与之前一样，也可能相反。这本书究竟会被孩子接受或排斥，领读者不直接说明，因为喜欢或讨厌一本书，是孩子的自由。

（4）活动结束后，在不布置任何作业的情况下让孩子解散。

所需时间

由于必须依照孩子是否明快地进行每个步骤、是否热烈地讨论、是否事前好好地阅读而定，所以无法明确地断言所需时间。

大概一个小时。

孩子感兴趣的程度、投入程度与困难程度

孩子们是否有浓厚的兴趣，取决于作品的选择方式。作品中是否有可供列举出来进行批判评价的模糊地带？作品具有真实性吗，还是只是一个虚构的舞台？这些因素都与活动是否能够取得良好的效果有关。

如果参与者没有清楚明了的判断基准、阅读能力不足、无法挖掘出书本所言及之处，或者无法找出否定性的状况中所隐藏的信息，那么，活动在开展过程中将会遇到困难。

组织阅读作战后的分析与思考

领读者要自我评价活动时的态度。能抑制自己的意见吗？能做到不将自我独树一帜的批评强加于孩子身上吗？

此阅读作战方法的目标在于，引导年轻的孩子在评价后得出结论，而不是将大人的判断标准灌输给孩子。随着时间过去，人们心中会形成不易改变的判断基准，但也会根据情况使自我评价方式有所进步。人生便是这样，即使是大人，年轻时所拥有的批判力与现在也不会相同。

另外，也请分析，是否做到了在没有陷于争论、确保秩序的状况下，让每个人都能自由地陈述意见。

73. 分享书籍：喜欢这本书的原因是什么

解题

　　一个人如果遇到打心底喜爱的书籍，会觉得很幸福。处于青春期的读者，会有想要将该书推荐给其他人的想法。

　　于是，我们想出这个阅读作战方法，能将品味某本书的喜悦传递给他人。

　　由于这个阅读作战方法需要说明该书的什么地方打动了自己，所以"分享书籍：喜欢这本书的原因是什么"这个标题应该很合适。

参与者

　　最适合初中以上的学生。一旦到达这个年龄，所读过的众多书籍中，一定会有打动自己的内心、非常感兴趣的书籍。

　　不过，即使是小学五、六年级学生，如果领读者认定其为优秀的读者，能够说明喜欢某本书的原因，那也没问题。

人数尽量不要太多，从十五人起，最多到十八个人。

目标

* 看重自己选书的自由。
* 促进与其他人之间的沟通。
* 高度评价"告诉伙伴发现了好作品"这件事。

领读者

由于孩子们也可能支持料想不到或不受欢迎的书籍，所以，领读者必须具备应对无法预测的状况的强烈意念与动力。此外，领读者必须能以沉稳的态度进行活动，还得经常阅读、熟知青少年书籍。如果能带给参与者良好的感受，具有温暖、公平公正和冷静的特质，将可打造出为孩子量身定做的阅读游戏。

必要的材料和方法

由于以孩子带来的书籍为基础进行活动，所以，不需要做准备。必要的东西只有黑板，要在上面写下孩子带来书籍的书名。

实施方法

此阅读作战方法由孩子进行准备，所以领读者要事先做预告。例如，在前一次阅读作战活动的结尾，事先告诉孩子，下一次所有人都要带着自己最喜欢的一本书来，并且，要想好为什么将这本书推荐给大家。

如果孩子手上没有书，也可以选用从图书馆借来的，或是记住书名和作者名，并且尽可能地记住出版社名称。一旦知道了书名和作者，其他人随后便可以找出该书。而最为重要的是，该参与者便能够向他人说明喜欢某本书的原因了。

（1）领读者自己也混在孩子当中，与他们一起围成圆圈坐下，并向大家说明如何进行此阅读游戏。

a. 请孩子逐一针对自己所选的书籍进行发言。

b. 发言者首先说出故事大纲，甚至是简短的摘要。向全体参与者进行说明，以便让没读过此书的人明白这是一本怎样的书。接着，陈述喜欢这本书的理由。

c. 发言前，领读者先请孩子分别说说自己带了哪本书。发现有所重复时，便让携带同本书的孩子组成一队，说明故事大纲和喜爱这本书的原因。

（2）如果听众有希望发言者解释的部分，也可提出请求。但只有发言者能响应。

没有人有疑问时，领读者可提出问题，这样将使发言者的发言更为丰富。

（3）按照这种方式，所有人一一介绍带来的书。

大家都发言完毕，领读者询问孩子，还有没有其他想弄清楚的事，如果没有，便结束活动。

所需时间

花费足够的必要时间，使全体参与者都能充分地说明自己喜欢这本书的原因。请留心不要使活动过于单调无趣。

孩子感兴趣的程度、投入程度与困难程度

如果参与者介绍的书很有趣，此阅读作战方法也将变得很有趣。参与者发言的方式和领读者带领的方式，也很重要。

一旦有消极被动的孩子，或不习惯在众人面前说话的孩子，活动的展开将会遇到困难。

组织阅读作战后的分析与思考

此阅读作战方法看起来好像什么都不用做，便能顺利进行，实际上并非如此。领读者在孩子发言期间，必须随时关注，不让气氛变得死气沉沉，也不让发言流于表面化。向发言者提问时，只要有任何一句建设性的语言就很好，不过得避免变成指挥官。读书会的阅读作战方法，并非指导孩子该怎么做，而只是"带路"而已。

领读者请分析：自己是否确实完成了任务？以结果来看，此阅读作战方法获得成功了吗？所有步骤都恰如其分地完成了吗？

74. 分享想法：说出想法

解题

　　此阅读作战方法是以书中角色的情感为根据，大家一起在共读的书中找出一个自己最喜爱的想法，与其他人分享。由于这是一个为尊重各自想法而开展的阅读游戏，因此定了"分享想法：说出想法"这个标题。因聆听了各种意见，在阅读作战活动结束时，自己的想法说不定会有所改变。

参与者

　　以习惯于分析阅读内容的初中学生或高中学生为活动对象。请在孩子们消化过其他多个阅读作战方法，具有足够的思考推测能力后，再进行此阅读作战方法。

目标

* 深入阅读。
* 根据别人的发现，丰富自己的阅读方式。
* 找到书的真正价值。
* 能与书中角色同悲共喜，感受其各种情感变化。
* 训练批判意识。

领读者

领读者必须尊重个人的自由，具有十足的耐心，能认真聆听孩子们的意见。此外，需要避免冲突性的、无意义的讨论。领读者自身更不能感情用事。

领读者除了引领阅读作战活动外，还需制作出必要的物品。

必要的材料和方法

准备纸张，写上从书中摘出的表现角色情感的一段段文字。纸张数量须符合参与者人数，而同样的一段内容分别写两张。写了同样内容的两张纸，最好编上编号，如 A、B。

如果能再准备用来写下孩子发言的黑板或具有类似功能的物品，效果将会更好。

实施方法

（1）领读者请孩子围坐成圆形，发给每人一张写了表达角色情感文字的纸张。

（2）给予一两分钟，让他们各自默读所拿到的纸张内容。因同一内容会有两张，默读后，请拿到相同内容的孩子组成一队。

（3）两两成组后，再给予一些时间，让同组成员互相讨论，以便为向其他人说明自己的意见而做准备。此步骤究竟要给予多少时间，根据孩子的阅读能力而定，有时候五分钟就够了，有时候则需花十分钟。

（4）时间到了，领读者指定打头阵的两人队伍，朗读纸上的内容，并且针对内容表达意见。其他孩子仔细聆听，在此过程中不要打断讲话者的发言。

第一队结束后，由第二队、第三队等依次接手，直到所有队伍都发言结束。

（5）领读者询问孩子，在这本书中自己最喜欢的想法或情感是什么，是否全都被表达出来了。抛出这样的提问，从而使得讨论有所成果。

所需时间

由于将根据参与者脑力运作的速度而定，因此难以限定时间，不过应避免超过一个小时。

孩子感兴趣的程度、投入程度与困难程度

孩子们尽管理解，但可能阅读能力不足，或者对青春期的孩子而言，一提及有关感情的问题就因害羞而躲躲闪闪，这些状况都可能使活动遇到困难。

如果孩子能乐于享受隐藏于作品中的各种价值，同时自由自在地开展讨论，活动将变得非常有趣。特别是领读者如果不批判孩子的想法，而是尊重他们的价值观，那么，参与者将会更感兴趣。

组织阅读作战后的分析与思考

首先，领读者有必要针对自己在活动期间的态度，加以分析。此阅读作战方法的目的，并非由领读者对孩子的想法提出异议，而是给予孩子机会，让他们发自肺腑地发现书中所表达情感的价值。所以，领读者不得强行插入自己的意见，这十分重要。第一步，就请思考这一点！

此外，需反思挑选出来的一段文字是否合适，是否容易解释清楚。活动期间，领读者是否做到了避免孩子发生激烈的争执，能够在安定沉稳的气氛下进行讨论，这一点也需要反思。

75. 评判各要素的价值：如果是我，就不会删掉

解题

篇幅长的描写，对不习惯阅读的人来说，会很无聊。的确，有时某些作品，作者会为了增加篇幅，刻意增加对故事情节的描述。然而，情况也并非全然如此。如果没有知性的描写，小说的价值应该会减半，读者脑中也难以浮现小说发生的舞台，难以理解角色与其营造的气氛，难以深入玩味所阅读的内容。

在此阅读作战方法中，孩子们将一边思考如果删除了该段描写，小说会变得怎样，一边发现作品中的描写所具有的价值，因此定了"评判各要素的价值：如果是我，就不会删掉"这一标题。

参与者

以初中以上的学生为活动对象。因为他们已经能够分辨何谓优美的描述、不可缺少的描述及不具意义的贫乏描述等。

目标

* 评判能丰富小说的要素的价值。
* 深入阅读作品。
* 能区分何谓高质量的作品,何谓无趣、不值一提的作品。

领读者

领读者必须有办法鉴别作品的质量。此外,领读者心中要有一套判断基准,能从小说中摘出有价值的描写。

领读者还得具备明朗活泼、个性沉稳和有耐心的特质。

必要的材料和方法

准备纸张,从作品中选出足以作为读者评价的一段段描写,写在纸上。这些纸张数量必须符合参与者人数。每三张纸上誊写同样的内容。

另外,为了选出适合的作品,请从描写优异的小说中加以选择。

也有必要准备黑板或具有类似功能的物品。

当然,要准备好供所有参与者在活动前事先阅读的足够册数的小说。

实施方法

领读者向孩子说明,小说中的描写是多么重要。同时向他们解释,所谓的描写,就是小说的要素,一旦删除,有时读者将因此无法理解作品,或将削弱作品之美。在大多数情况中,描写是直接而容易理解的,但也有迂回的描写,以及根据状况来判断,并非必要性的描写。

通过此阅读作战方法，孩子对书中的描写加以评价。

（1）领读者发给每人一张写了书中某段描写的纸张，给予他们根据以下几点来思考的时间。

a. 将该段描写删除，小说蕴含的意义会改变吗？

b. 此描写对哪些方面具有贡献？如"明确性""优美度"或"情感"，等等。

c. 如果用一到五分来打分，你会打几分（记录于纸上）？

孩子们在不与其他人讨论的情况下，各自安静地思考。

（2）如果大家都结束了思考，领读者指定一个孩子朗读他纸上所写的描述，并说出他打了几分。

领读者在黑板写上该段描述的第一句，并在旁边写上分数。

接着，询问有没有人拿到相同的描述，聆听这两位孩子给了几分，并记录在先前分数之下。

然后是为第二位孩子，同样写上描写的第一句和分数，询问其他二人的分数。像这样，要让所有人都被指定过。

（3）所有描写的分数，都分别呈现并计算过总分后，指定最前面一组的三个孩子，根据第一项的 a 与 b 步骤来说明他们是怎么想的。当分数很少时，询问："你们要把这段描写删掉吗？"三个孩子答过后，请他们听听其他人的意见或不同看法。

所有人都针对自己纸上所写的描写，陈述意见并加以讨论后，结束活动。

所需时间

仅花费必要的时间。如果领读者不清楚参加的孩子反应如何、阅读程度如何，活动时间将十分难以预测。或许一个小时，或许稍稍短一点。如果是十分清楚参与者状况的领读者，或许能够事先预估时间。

孩子感兴趣的程度、投入程度与困难程度

假如所有人都兴致勃勃，孩子们十分投入、乐于响应的话，那么，活动将会变得乐趣无穷。

若参与者缺乏意愿和热情，智能不够发达，活动将无法顺利进行。

组织阅读作战后的分析与思考

领读者要为自己严格地评分。是否是在快乐的气氛中带领活动进行的？一旦孩子无法自由地发表意见，感受到一点点的强制性，此阅读作战方法就难以顺利推进。此外，请反思有没有要求孩子采用与大人相同的思考方式。这是领读者绝对不能做的事。

进行阅读作战方法，是为孩子提供各式各样的基本阅读方法，好让他们在阅读及思考方面有所进步，而非将大人的思考方式强加在他们身上。我们还是孩子时，应该也不会用现在的方式来阅读和思考吧？所以，我们该做的，是伸出援手，引导孩子们一点点克服困难，逐步迈向成熟。

附 录
Appendix

本书的阅读作战方法适用对象涵盖了学龄前、小学、初中以及高中的学生。此附录将 75 个阅读作战方法按照适用对象的年龄段进行分类，以此作为各个领读者的参考标准。

当然，针对这里的分类，各个领读者完全可以根据孩子的阅读理解能力，进行相应的变动，以取得更好的阅读效果。

适用对象·学龄前

1. 聆听朗读：找出读错的地方
2. 分辨角色：这是谁的东西
26. 注意倾听：在这里呀
27. 理解故事：这是你的
28. 阅读图画：从书里逃出来的角色
29. 引导孩子讲故事：我们来说故事吧
37. 描绘角色：哪一个是他
38. 区别故事角色：固定在这里
47. 进入诗的世界：这是我的图
53. 专注的观察力：仔细地看，看得透彻
55. 理解听到的故事：听到什么就照着做
65. 模拟书中角色：那个时候，某某这么说

适用对象·小学

3. 故事的时间和场所：什么时候，在什么地方
4. 体会词语的妙处：这是什么意思
5. 找出角色：在吗，不在吗
7. 分析角色：他是什么样的人
8. 分析句子：找出伪造的句子
9. 人物描写：这段所描述的是谁
10. 朗读游戏：抓到了

11. 取书名：这是我取的书名

13. 找错：误植

14. 正确诵读：布鲁鲁

25. 大型阅读游戏：团队游戏

30. 发现元素的作用：怎么有这么多东西呀

31. 思考角色的想法：为什么

32. 理解段落内容：哪段是正确的

35. 重视故事的顺序：在那之前，发生了什么

36. 提升记忆力：故事是这么写的吗

39. 找出角色的行为动机：为什么

41. 激发诗歌阅读力：出谜题并且加上说明

42. 学习诗的韵律：我的词语在哪里

49. 思考角色关系：谁和谁

50. 辨识图中人物：在哪里

51. 理解图画：有什么关联吗

52. 诗歌感受力：这次换我了

54. 抓住角色台词：谁，对谁，说了什么

57. 发现诗歌的表现法：用五言绝句来游戏

59. 阅读幻想故事：那是真的吗

60. 阅读荒谬故事：好笨啊

63. 关注书中关键信息：顺利组队

66. 练习绕口令：舌头打结

67. 品味诗之喜悦：我喜欢这首诗

适用对象・初中及高中生

6. 书与读者的关系：我与书籍

12. 思考故事顺序：在前面吗，还是在后面呢

15. 问答比赛：对战

16. 逻辑思考：各个标题应位于哪里

17. 关注场景：书上这么写道

18. 总结书籍大概：这是内容梗概

19. 理解写作手法：海盗掠夺文

20. 理解角色：谁是"法劳第"

21. 挖掘不同视角：改变角度

22. 角色之间的关系：有人说他

23. 删减句子：想象的剪刀

24. 深度阅读：谁、做了什么、怎么做的

33. 关注关键情节：这样开始，这样结束

34. 深入理解作者想法：为他辩护

40. 寻找作者意图：我是这么想的

43. 挑战记忆力：大家的记忆力

44. 发现诗人情感：诗人的感受

45. 引发诗歌鉴赏能力：多美的诗啊

46. 找到完整诗作：你和我一起

48. 吟诗训练：吟游诗人

56. 发现诗的价值：诗人的对话

58. 理解诗歌的节奏和韵律：大家一起重组一首诗

61. 理解诗歌语言：诗人是这么描绘的

62. 挖掘书中内涵：这段文字有涵义

64. 选书根据：第一眼

68. 分享喜欢的诗：带着诗来参加活动

69. 理解文字运用：词语飞走了

70. 理解谚语：它的意思清楚吗

71. 阐明作者想法：我发现了

72. 评论文本：好吗，不好吗

73. 分享书籍：喜欢这本书的原因是什么

74. 分享想法：说出想法

75. 评判各要素的价值：如果是我，就不会删掉